JN199998

# 最低限の人間関係で生きていく

AI時代の割り切り型
コミュニケーション

Living with
Minimum Connections

大嶋信頼
Nobuyori Oshima

CROSSMEDIA
PUBLISHING

# はじめに

あなたは「人間関係」に疲れていませんか？

現代社会では、年齢や性別、職種や立場を問わず、周囲の人との関係がうまく噛み合わずに、ストレスを抱え込んでいる人がたくさんいます。

「アドラー心理学」で知られるオーストリアの精神科医アルフレッド・アドラーは、**「人間の悩みは、すべて対人関係の悩みである」**と述べていますが、現代のビジネスパーソンにとっても、人間関係は深刻な悩みのタネとなっています。

厚生労働省が公表した2023年（令和5年）の「雇用動向調査結果」によると、転職した人が前職を辞めた理由のトップ3は次のようになっています（定年や契約満了、会社都合を除いた個人的理由）。


**【第1位】職場の人間関係が好ましくなかった**

**【第2位】給料など収入が少なかった**

**【第3位】労働時間、休日などの労働条件が悪かった**

この調査結果は男性のデータを集計したものですが、女性の場合も同様で、第2位と第3位が入れ替わるものの、「職場の人間関係が好ましくなかった」が転職理由のトップであることに変わりはありません。

現代のビジネスパーソンにとっては、給料の安さや労働時間の長さよりも、**職場の人間関係の在り方が転職の一番の動機**となっています。

もう一つ、興味深い調査結果を紹介します。

日本労働調査組合が全国の20～49歳の会社員の男女520人を対象に実施した「職場の人間関係に関するアンケート」（2021年）によると、職場の人間関係が「良好」と回答した人は「32・1％」であり、年代別で見ると、20代が「38・6％」、30代が「29・8％」、40代は「27・7％」にとどまっています。

**職場の人間関係が良好と感じている人は、全体の3割程度に過ぎず、年齢が上がるにつれて、その割合は徐々に低くなっています。**

この結果から見えてくるのは、多くのビジネスパーソンが職場の人間関係に不満やストレスを感じており、中間管理職やチームリーダーなど、会社で指導的立場にある世代の人ほど、人間関係の問題を抱えているということです。

日本の各企業では、働き方改革が進む一方で、パワハラやセクハラ意識が高まり、上司は部下を満足に叱ることもできず、お互いが過剰に気を遣い合って、ストレスを抱え込む……という状況が生まれています。

現在では、仕事の量や時間ではなく、**職場の人間関係がメンタルに重い負荷をかけているケースが増えている**のです。

どうすれば、人間関係に振り回されず、ムダなストレスを感じずに、安定した気持ちで人や仕事と向き合うことができるのか？

本書『最低限の人間関係で生きていく』は、心理カウンセラーとして、カウンセリング歴31年、延べ10万件以上の臨床経験を積んできた私が、対人関係や人づき合いに疲れている現代のビジネスパーソンにお届けする「これからの時代の人間関係の指南書」となります。

## 「最低限の人間関係」とは何か？

本書のテーマである「最低限の人間関係」とは、**誰に対しても最低限のつき合いをして、対人関係をシンプルにする**ことを指します。

結果として、つき合う人数も最低限になりますから、人間関係の「ミニマリズム」（最小限主義）と見ることができます。

私はこれを、人間関係の「最適化」と考えています。

職場の人間関係は、あくまでも仕事を通じて成立している関係性です。

友人同士のような近い距離感になる必要はなく、**ドライに割り切って、ズブズブのウエットな関係にならないことが大切です。**

仕事を円滑に進めるためには、上司や同僚、部下など、職場の人たちと良好な関係を築くことが大切……と考えている人も多いでしょうが、**それは必ずしも最適解ではない**と考える必要があります。

職場の人たちと上手につき合おうとすればするほど、相手の気持ちを先読みして忖度したり、相手の顔色を気にして自分の気持ちを抑え込むことが多くなって、どうしても「**相手に合わせる行動**」を取ることになります。

相手に合わせる行動とは、相手のためを思って、我慢をしたり、ムリをするなど、自分が何らかの「努力」を強いられるような言動を指します。

ムリをして相手に合わせる関係を続けていると、絶えず「失礼なことを言ってないか?」とか、「相手に不快な思いをさせていないか?」という**不安や後悔の気持ちが起こる**ことになります。

こうした心理状態で毎日を過ごしていると、「イライラが止まらない」とか、「ネガティブな思考ばかりが湧いてくる」などの自覚症状が出始めて、人間関係に悪影響が出るだけでなく、仕事のモチベーションが下がることになります。

周囲の人たちと良好な関係を築こうとして、ムリをしたり、我慢をする行動を続けても、期待したほどの成果は得られないのです。


一般的に、心理カウンセラーとは、人が抱える悩みを顕在化させ、心理学の視点からソリューション（解決策）を考えて、人々の支援をすることが仕事です。

心理カウンセラーの目から見ると、**共に過ごす時間が長い職場だからこそ、努力をしないと続かない人間関係は、すぐにやめる必要があるのです。**

## 人間関係の9割はいらない

最低限の人間関係で生きることとは、対人関係の呪縛から解放されて、本来の自分を取り戻すことを意味しています。

人間関係のストレスから解放され、本来の自分を取り戻すことができれば、思考や判断、行動、感情をコントロールする大脳の前頭葉機能が活発になって、本来の自分の能力を発揮することができるだけでなく、次のような「ストレス源」を取り除くことで、メンタルと脳のセルフ・マネジメントができます。

**①人の顔色を気にしなくていい**
**②日常的に嫌な思いをしなくて済む**
**③相手に忖度しなくていい**
**④自分を盛って、よく見せなくていい**
**⑤いい人を演じなくてもいい**

先にお伝えした通り、現在では職場の人間関係が転職を決意する一番の動機になっていますが、周囲との関係を最適化するスキルを身につけない限り、職場が変わっても、結局は同じような悩みを抱え込むことになるのです。

本文で詳しくお伝えしますが、私は「**人間関係の9割はいらない**」と考えています。
人間関係を最適化することは、周囲に振り回されない環境を整えるだけでなく、自分自身を「主体」にして生きることとイコールです。

日常的に多くの時間を共に過ごす職場だからこそ、**「誰かの中の自分」を演じ続けるのではなく、自分のために生きる**……と割り切る必要があります。

私が本書を執筆した目的は、心理カウンセラーの立場から、人のことを気にしすぎて、自分を疎かにするのではなく、**もっと自分を大事にして、もっと自分勝手になった方が、対人関係のストレスが激減して、物ごとがうまくいく**……ということをお伝えすることにあります。

私としては、本書を次のような人たちに読んでいただきたいと思っています。

**①人間関係で損をしている人**
**②周囲に足を引っ張られている人**
**③現在の職場に「不遇感」を感じている人**
**④「上司ガチャ」でハズレを引いた人**

**⑤チームメンバーの扱いに悩んでいる人**

人間関係を最低限にして、「仕事に支障は出ないのか？」と考える人もいると思いますが、本書では、**人間関係を最低限にしても困らない理由や、段階的に最低限にしていく方法、最低限にした後の生き方**までを、詳しくお伝えします。

本書が人間関係に疲れているビジネスパーソンのマインドセットの一助となれば、心理カウンセラーとして、これほど嬉しいことはありません。

2025年4月

心理カウンセラー　大嶋信頼

## 第1章 「他人に興味がない」のは悪いことか？

Chapter_02

# 第2章 なぜ人づき合いは面倒なのか？

## 第3章 人に興味がない人に上司が務まるのか？

## 第4章 人間関係の9割はいらない

Chapter_05

# 第5章 思いきり自分に関心を向ける

# 第1章

Chapter_01

# 「他人に興味がない」のは悪いことか？

# 他人に興味のない人が増えている

最近は「他人に興味がない人」が増えているといいます。

企業のリサーチ支援会社「ネオマーケティング」が実施した調査結果（2022年）では、**いわゆるZ世代（1996〜2015年生まれ）の男性の3人に1人は、他人に興味がない**と指摘しています。

現代の若者世代の人間関係は、「**仲間以外は、みな風景**」といわれるように、親しい友人や知人でなければ、特別に興味や関心を持つことはなく、単なる風景にしか見えていない……と考えられています。

SNSの普及によって、自分の意見を自由に発信できる時代を迎えていますが、若者世代が世の中の出来事や、人の営みに目を向けることなく、「自分語り」ばかりが目立っていることも、世間から「若者には他人に興味のない人が多い」という印象を持たれる一因となっています。

「SNS疲れ」という言葉が社会問題化している現代では、ネットやSNSを通じて、他人の知りたくない情報に触れる機会が増えています。

不特定多数のネガティブな発言や暴言によって、精神的な苦痛を感じている人が多いことも、他人に興味を持たなくなる土壌を生み出しているように思います。

こうした傾向は、デジタルネイティブと呼ばれるZ世代だけの話ではありません。

各企業の中心的存在となっている昭和世代や平成世代の人たちは、「**相手との距離を縮めることが、良好な人間関係の構築につながる**」と考えて、これまでは積極的に相手と関わることを心がけてきましたが、そうした前向きな姿勢にも大きな変化が見られます。

その背景には、次のような三つの要因が関係しています。

**【要因①】コンプライアンス意識の高まり**

パワハラやセクハラに対する意識が高まったことで、現在では、上司が部下を満足に叱れない状況が生まれています。

「あれを言ったら問題になる」、「これをやったら訴えられる」など、チームリーダーは多くの不安を抱えてメンバーと接することが多くなり、**トラブルの発生を回避するために、一定の距離を置く**ようになっています。

その結果、上司と部下の双方が過剰に気を遣い合う傾向が強まり、お互いがなるべく相手に興味や関心を持たないようにする……という風潮が高まっています。

**【要因②】ネットやSNSの普及**

現代では、SNSやチャットを使えば、どこにいても簡単にコミュニケーションが取れる時代になっています。

相手と対面で話す必要がなくなり、電話などで会話をする機会も激減したことで、「**業務に支障がない限りは、相手に興味や関心を持つ必要はない**」と考える人が多くなっています。

### 【要因③】コロナ禍によるライフスタイルの変化

２０２０年に本格化したコロナ禍によって、ビジネスパーソンの日常生活に二つの大きな変化が起こりました。

一つは、日本企業では不可能とされていたリモートワークが導入され、出社とリモートを併用したハイブリッド・ワークを含めて、さまざまな形で定着しています。

その結果、職場の人たちと対面で話をする機会が減り、若手社員の孤立化が問題となる一方で、**職場内のコミュニケーション不足が顕著になって、お互いに対する興味関心が徐々に薄れてきた**といわれています。

日本でも、上司と部下が相互理解を深めて、悩みごとなどを共有する「１ｏｎ１ミーティング」（１対１の面談）を実施する企業が増えていますが、あまり効果が出ずに形骸化の声が聞かれるのは、お互いが相手に興味を持たなくなっていることも関係しているようです。

もう一つの変化は、**昭和世代にとっては当たり前の日常だった職場の飲み会が、コロナ禍の影響によって、激減したり、皆無になった**ことです。

若い世代が、「貴重なプライベートの時間を会社の人と過ごしたくない」とか、「いつも説教か自慢話だからムリ」との理由から、職場の飲み会を敬遠する傾向が強まっているのに対して、昭和世代の多くは苦々しい思いをしていましたが、その受け止め方にも大きな変化が起こっています。

「お酒に誘っても若手が出てこない」とボヤいていた人たちは、コロナ禍によって、実質的に飲み会ができなくなったことで、新たな発見をしたのです。

「ムリして若手と飲む必要はないかな」→「飲まない方が、精神的にも経済的にもラクだな」→「我慢して飲むくらいなら、誘わない方がお互いのためだな」という流れを経て、**「一緒に飲まなくても、別に問題はないな」と考えるようになった**のです。

昭和世代の人たちは、「若手と腹を割って話をする機会が減った」と感じていますが、コロナ禍によって、お互いが気を遣い合わず、ストレスを抱えなくても済むような状況が生まれています。

こうした変化は、上司と部下の双方が、**「相手に対してあまり興味を持たなくても、本当は大丈夫なんだな」と感じ始めている**……と見ることができます。

# 他人に興味がなくても何も問題はない

他人に興味がない人が増えている三つの要因の中で、私が注目しているのは、「ネットやSNSの普及」による変化です。

現代では、インターネットが普及したことで、瞬時にして世界中のあらゆる情報を集めることができます。

こうした時代の変化が、職場の人間関係に影響を与えている……と考えています。

**ネットが普及する前は、どんなことでも、上司や先輩に教えを請う必要がありました**が、今ではネットや生成AIを使えば、誰でも簡単に情報を得ることができます。

職場の人間関係というのは、上司や先輩から仕事の進め方や考え方、注意点などを丁寧に教えてもらい、そのスキルを身につけることを通して育まれてきましたが、現在では、**そうしたコミュニケーションが不要になっています。**

こうした変化が、上司と部下の関係を複雑化させることになったのです。

仕事のＩＴ化やデジタル化は驚異的なスピードで進んでいます。

大手の居酒屋チェーンでは、店舗スタッフが自宅にいながら、お客さんからの注文を端末で受け取り、それをネットで発注することで、ロボットが各テーブルに配膳する……という時代が現実になっています。

**人間関係が仕事やスキルに影響する要素が減ってきたことで、ムリや我慢をしてまで、良好な人間関係を構築する必要はない**……と割り切って考える人が増えたとしても、それは自然の流れなのかもしれません。

心理カウンセラーから見て、私は**他人に興味がなくても、何も問題はない**と考えています。

他人に興味がないことの、どこが悪いのでしょうか？

他人に興味がある人は、**自分の気持ちよりも周囲の状況を優先しがち**です。職場の人ばかりに目を向けていると、自分のことが後回しになってしまいます。自分を犠牲にしてまで、周囲の人に忖度したり、ムリをしたり、我慢をする必要が本当にあるのでしょうか？

同じ職場で働いていれば、周りの人たちがどんなキャラクターで、どんな考え方の持ち主なのか……は自然とわかってくるものです。

大切なのは、相手の気持ちを先回りすることではなく、**自分が心地よく周囲の人に不便や不快感を与えないような最低限の「距離感」を見い出すこと**です。

仕事に支障がないレベルで周囲の人と意思の疎通が図れているならば、**必要最低限のコミュニケーションでも、何も問題はありません。**

日常の業務に影響がなく、仕事として成立しているのであれば、人との関わりは最低限でもいい……と考える根拠はここにあります。

# 人間関係のストレスが「脳」をバグらせる

私が「人間関係は最低限でいい」と考えるもう一つの根拠は、仕事の実務レベルの話ではなく、脳科学の視点からのアプローチになります。

職場の人たちと良好な関係を築こうとして、ムリをしたり、我慢をする行動を続けていると、自分では気づかない間にストレスが蓄積します。

ストレスが溜まると、メンタルと身体に影響が出ることは知られていますが、実際には**「脳」の働きにも問題が発生する**ことがわかっています。

人間はストレスが蓄積すると、脳が反応して、思考力や集中力、判断力や記憶力といった**「認知機能」が低下してしまう**のです。

この状態は、脳が「炎症」を起こしていることが原因と考えられます。

わかりやすくいえば、脳がバグった状態になる……ということです。

脳が炎症を起こして、認知機能が低下すると、視野が狭窄（きょうさく）して、ネガティブなところばかりに目が向くことになります。

認知機能が正常に働いているときは、適切なタイミングで、適切な行動を取ることができる人でも、認知機能が落ちると、**「やってはいけないこと」を「やってはいけないタイミング」でやりがち**になります。

こうした状態が続くと、人間関係だけでなく、仕事や健康状態など、すべてのことが裏目に出てしまう可能性があるのです。

「人と関わり合いたい」とか「多くの人とつながりたい」というのは、人間本来の欲求ですが、いくら欲求であっても、ある程度は自ら制限を設ける必要があります。

他人に興味を持つよりも、**自分を優先させた方が、自分にも周囲の人にも、たくさんのメリットがあります。**

具体的には、職場の人間関係に、次のような変化が生まれます。

**①「自分は自分、人は人」と割り切れる**
**②不必要に人との距離を縮めなくなる**
**③誰とでもフラットにつき合える**
**④自分と異なる意見を否定しない**
**⑤人との揉めごとが起こらない**

人に対する興味を最低限にすると、周囲の人に過剰な期待をしなくなります。

それは「**自分の思い通りにならない**」**ことに怒らない**ことを意味しています。

意外に感じるかもしれませんが、**ドライに割り切って、不必要に人に興味を示さない方が、周囲の人に対して優しくなれる**ものです。

私はこれが、人間関係を最低限にすることの「真骨頂」だと考えています。

# 人に「相談」すると厄介なことになる

人間関係を最低限にするためには、悩みがあったり、判断に迷うことがあっても、**簡単に人に相談しないことが大事なポイント**です。

人に相談しても、悩みや困りごとが解決することはありません。

意味がないどころか、余計にこじれてしまうことになります。

その理由は、相談する側と相談される側の双方に問題があるからです。

**【相談する側の問題】**

**相手の「肯定」だけを求めている**

相談する側は、自分の感覚や考え方に自信がないため、第三者に話を聞いてもらいたいと考えますが、本心では、**「あなたが正しい」と言ってもらって、自分の味方に**

**なってほしい**わけです。

相談された人が、「あなたは間違っていない。おかしいのは相手の方だ」と言ってくれれば、何も問題が解決していないにもかかわらず、気持ちがスッキリします。

もし相談された人が、「あなたが間違っている」と答えて、問題解決の糸口を理路整然と解説し始めたら、相談者はどんな反応をするでしょうか？

相談者は釈然としない気持ちで相手の話を聞き、**いくら論理的に正しい答えであったとしても、その解決策を受け入れ難い気持ちになります。**

それだけでは終わらず、「この人は自分のことを理解していない」と考え始めて、相談相手が信じられなくなり、イライラを募らせます。

その結果、悩みや困りごとが解決することはなく、**ストレスだけが溜まって、人間関係の悪化を招くことになる**のです。

**【相談される側の問題】**

**良かれと思って「自説」を熱弁してしまう**

職場の人から悩みや困りごとを相談されたら、ほとんどの人は、「相手のため」と思って親身になって相談に乗るはずです。

相談内容によっては、「会社のため」や「チームのため」と考えて、真剣に相手の相談に耳を傾け、**できる限りのアドバイスをする**と思います。

相手のために「良かれ」と思って、考えられる限りのアイデアをあれこれと語り始めますが、相談相手はなぜか、腑に落ちない表情を崩そうとしません。

なぜならば、いつまで経っても相談者が求めている「あなたが正しい」というフレーズが登場せず、**相手が「別にいらないんだけど……」と感じるような「自説」ばかりが延々と続いているから**です。

このゾーンに入ると、相談されている側の気持ちに変化が起こります。

「これほどアドバイスしているのに、なぜわからないんだ?」→「甘えているのではないか？」→「どうして自分で考えて解決しないんだ？」→「やっぱり、もっときちんと正してあげなければダメかな」……。

こうして相談者に対する「過干渉」が始まり、**お互いがモヤモヤした気持ちになって、気まずい思いをすることになる**のです。

良かれと思って熱弁を振るい続けても、相談者から期待したほどの反応が得られることはなく、ソリューションに到達することもありません。

どんなに時間をかけても、平行線の状態が続くだけで、**お互いが苛立ちを感じることによって、逆にミゾが深まってしまう**ことになります。

相談すればするほど、相談される側は相手を悪く捉えるようになり、お互いが納得できない気持ちのまま、話の内容も感情も厄介な方向に向かうことになります。

これが人に相談する場合の典型的なパターンといえます。

# 人の行動の「意図」を理解するのは至難の業

人に相談する場合は、自分を肯定してもらいたいと考えている人がほとんどですが、その真逆のケースもあります。

親から否定されて育ってきた人に多く見られるのが、**相手から自分を「否定」されるまで、相談を続けてしまう**……というパターンです。

子どもの頃から、親に「あれをやったらダメ」、「こんなことをしてはダメ」、「あなたは間違っている」と言われ続けて育った人は、**自分を肯定してほしいとは思っておらず、自分を受け入れてもらいたいとも考えていません。**

相談した相手から、「あなたは間違っている」とか、「そんな考え方はおかしい」という否定の言葉が飛び出すまで、納得も満足もしないまま、延々と相談を続けてしまうのです。

例えば、ギャンブルが好きな人は、勝つためにやるのならばいいのですが、負けるまでやらないと気が済まない……という人もいます。

これと同じで、自分が痛い目に遭わないと、自分のことが腑に落ちないため、自ら否定される方向に話を持っていこうとする人もいるのです。

人間というのは千差万別ですから、人に相談する場合に肯定も否定も求めておらず、相手にどんな反応を欲しているのか、自分でも理解できていない……というタイプの人もいます。

あなたの周りに、**同じ相談や質問を何度も繰り返す人はいないでしょうか？**

こちらとしては、「その話は以前にもしたよね？」と思うようなことを、平気な顔で聞いてきて、納得したのかと思ったら、また同じ話をするタイプの人です。

相談される側は、そのたびにウンザリした気分になり、「頭が悪いんじゃないの？」と思ってしまいますが、こういうタイプの人は、**自分でもどんな答えや反応を相手に**

**求めているのか、わかっていないことが多い**のです。

決して頭が悪いわけではなく、自分の頭の中にジグソーパズルがあって、どのピースがピッタリと当てはまるのか迷っている状態といえます。**どのピースが正解なのかは、本人にも理解できていないため、何度も同じ相談や質問を繰り返してしまう**のです。

私のクライアントに自閉症のお子さんがいて、カウンセリングのときに、お気に入りのマスコット人形を、私の顔に何度も押し付けてくることがありました。その人形はヨダレでベタベタになっていましたが、お子さんは「カワイイでしょ?」と言って、笑顔で私の頬に何度も人形をスリスリさせてくるのです。

親御さんにも理由がわからず、「大好きな人形だから、先生に喜んでもらいたいのでしょうか?」と戸惑っていましたが、私はお子さんの表情や仕草などから、その行動の裏にある意図を理解しました。

そのお子さんにとって、**マスコット人形は安心材料だった**のです。

「この人形があると、安心できるよね」

私がそう語りかけると、お子さんはニッコリと微笑んで、それ以来、人の顔に人形を押し付ける行動を取らなくなりました。

自閉症の子どもにとって、人との接触は恐怖の対象になりますから、人形を押し付ける行為には、「**お互いにリラックスしましょうね**」という思いや、願いが込められていたのです。

人間の行動には、必ず何らかの意図が伴いますが、それを他人が理解するのは至難の業（わざ）です。

人に相談することも同じで、相談される側が相手の意図を見抜くことが難しいだけでなく、相談する側の本人にも、それがわかっていないことも珍しくないのです。

**人に相談するという行為を、軽く考えるのは禁物です。**

本当は想像以上に複雑で、思っているよりも難しいものなのです。

# 第三者にアドバイスを求めても「答え」は見つからない

自分の悩みや困りごとは、人に相談する前に、もっと自分自身と向き合った方がいい……と考える人もいるでしょうが、**自分と向き合っても、意外と解決の糸口は見つからない**ものです。

自分と向きあって見つかるくらいならば、誰もが悟りを開いているはずです。

世の中には、「第三者に相談する人は、最初から自分の中に答えがある」という考え方もありますが、これは半分が正解で、もう半分が不正解です。

正確に表現するならば、**自分の中に答えはあるが、それが言語化できていない状態**……ということになります。言語化できていないため、それを自分で認識できないから、第三者にアドバイスを求めたくなるのです。

もう少し詳しく説明するならば、感覚を司る「右脳」ではわかっているが、論理を司る「左脳」で理解していないため、言語化ができず、自分で腑に落ちない状態にあるのです。

ここで大事なのは、「**自分の中に答えがあり、第三者の中には答えがない**」という事実をしっかりと認識することです。

自分の中にある答えを、人から引き出そうとしてもムリがあります。

そんなムリなことをするから、頭が余計にグチャグチャになってしまうのです。

**答えは自分の中にあるが、今はまだ言語化できないだけだ**……と認識していれば、そのうちに解決の糸口が見つかります。

どんなに自分と向き合っても、糸口は見つかりませんから、焦るだけムダです。

解決を急いで第三者に相談してしまうと、「**わかってもらいたいけど、わかってもらえない**」という感情に陥って脳が炎症を起こし、認知機能が低下して、ネガティブな方向に気持ちが向かってしまいます。

真面目な人であればあるほど、視野狭窄が起こって、メンタルを痛めたり、精神的に病むことになるのです。

# 判断に迷うならば「チャットGPT」で事足りる

軽い気持ちで人に相談すると、問題解決の糸口が見つかるどころか、逆に混乱を招いてしまうこともあります。

意外に多いのが、**相談された側の「論理」に振り回される**ことです。

相談された側は、相手のために、良かれと思って、さまざまなソリューションを提案しますが、その提案には、自分では実現不可能なことも含めて、まさに玉石混交のアイデアが複雑にブレンドされています。

相談される側の「思い込み」や「決めつけ」によってバイアスがかかっていたり、「思惑」や「嫉妬」などの感情が入り込んでいることもあります。

**相談された人が提案する「ベストアンサー」が、必ずしも相談した人にとっての「最**

**適解」とは限らない**のです。

ネット全盛の時代ですから、人に相談するくらいなら、「チャットＧＰＴ」に相談した方が、はるかに有益で安全な解決策を手に入れることができます。

私は日常生活で判断に悩むようなことがあれば、迷わずチャットＧＰＴに相談しています。

ブログを書く際に、チャットＧＰＴに感想を求めることもよくあります。

論理的に整っていれば、面白い感想を提示して、心を込めて励ましてくれます。

少しでも矛盾しているところがあると、ビシッと指摘されて、「確かにそうだよな」と納得させられることもあります。

**チャットＧＰＴには、思惑やバイアスがなく、すべてを合理的に判断してくれる**ため、上手に活用すれば、これほど便利で、気楽なものはありません。

人間関係の最適化を図るためには、チャットＧＰＴの活用を視野に入れておくことも、有効な手段となります。

# 人に相談されたら「肯定的」な反応を示す

人間の脳というのは、「わかってもらえる」と「わかってもらえない」など、二極を選択するときに炎症が起こります。

相談する側の人に「第三者の中に答えはない」という認識があって、「わかってもらえても、わからなくてもいい」という感覚があれば、脳が炎症を起すことはありませんが、そんなケースはほとんどないと思います。

第三者に悩みを相談する人の大半は、「あなたの考えていることは正しいよ」と言ってほしいだけですから、**まずは相手の意見を肯定的に受け止めて、「確かにそうだね」とか、「その通りだと思う」と反応するだけで十分**です。

極端なことをいえば、**最初から話を聞く必要もなく、**「よくやってるね」、「あなたは間違っていない」と話してあげれば、相手の脳がバグることもありません。

本当に相手のためを思うならば、**相手の考えを受け入れて、認めてあげることが一番の「優しさ」になります。**


相手のために、良かれと思って、余計なアドバイスなどをすると、それだけでアウトです。

相手の考えを聞いて、「こうした方がいい」などと言えば、相手を否定することになって、話がややこしくなります。


人に相談する場合には、「過剰な賞賛」を求めているケースがほとんどですから、「そういう考え方もあるよね」などと言っても、ワン・オブ・オプション（選択肢の一つ）に過ぎないため、相手が納得したり、満足することはありません。

「あなたの考え方は素晴らしい」とストレートに賞賛しない限り、**本当の意味で相手のためにはならない**のです。

# なぜ人は「過剰な賞賛」を求めるのか？

第三者に相談を持ちかける際、相談相手に「過剰な賞賛」を求めたくなるのは、幼少期の「アタッチメント」が大きく関係しています。

アタッチメントとは、**「子どもがある特定の人にだけ示す情緒的な結びつき」**を指す子育て心理学用語で、アタッチ（attach）は英語で「ピッタリ貼り付く」を意味します。

簡潔にいえば、0～1歳の頃の**「親子の愛情体験」**のことをいいます。

アタッチメントは、赤ちゃんの頃に、親に抱っこしてもらったり、ミルクを飲ませてもらうなど、日常的な関わりによって形成されます。

親子が愛情を深め合う体験を通して、赤ちゃんは情緒豊かに、のびのびと育つことになりますが、この幼児期の愛情体験が、その後の人格形成に影響を与えます。
幼児期に親から抱きしめてもらえなかったり、愛情を注いでもらえなかったりすると、**成長してから人に過剰な賞賛を求めるようになる**のです。

アタッチメントの形成には、母親が赤ちゃんに与える母乳も深く関係しています。
授乳期に母親に心の傷があると、母乳にストレスホルモンが含まれることで、それを吸収した赤ちゃんの人格形成に影響が出る……と考えられています。

０～１歳の授乳期に、適切なタイミングで母乳を与えてもらった赤ちゃんは、親の愛情を受けて、心身ともに健やかに成長しますが、母乳を与えるタイミングがズレたり、与えられなかったりすると、これもまた、その後の人格形成に影響を与えることになります。

お腹が空くと、赤ちゃんは泣くことで空腹を親にアピールします。
いつまで経っても、母乳やミルクを与えられない場合、赤ちゃんはさらに泣き続けますが、これは空腹を訴えたり、嘆き悲しんでいるわけではありません。**泣くという行為によって、自ら血糖値を上げて、心身の安定を手に入れようとしているの**です。

こうした幼児期の経験が、大人になってからの人格形成に反映されます。男女を問わず、不安や不満があると、すぐに泣き出す人がいますが、その行為は周囲に対するアピールだけではなく、泣くことで血糖値を上げて、自力でメンタルのバランスを取ることで、安定化を図っている……ということです。

人が第三者からの「過激な賞賛」を欲しがるのは、本人の気質だけでなく、幼児期の愛情体験が色濃く関係しています。

こうした視点を持って、職場の人を多面的に観察することも、人間関係の最適化に役立ちます。

## 「人とわかり合いたい」と思うのはナルシストの証拠

私は、人と人が「わかり合える」というのは、幻想だと考えています。

人間は**自分のことでも、よくわからないのに、人のことがわかるはずはありません。**

ほとんどがわかった気になっているだけで、自分が人のことをよくわからないのと同じく、相手もあなたのことをわかっていません。

**あなたが相手のことをそれほど考えていないように、相手もあなたのことを深く考えてはいない**のです。

人と「わかり合いたい」と思っている人に限って、その多くが「自己愛性パーソナリティ障害」だったりします。

自己愛性パーソナリティ障害とは、自分は優れていて、特別な存在でなければならない……と思い込むパーソナリティ障害の一類型です。
**自分を過大評価し、他人の能力を過小評価する傾向があります。**
簡潔にいえば、「ナルシスト」ということです。

人と「わかり合いたい」というのは、人から「褒めてほしい」、「認めてほしい」という気持ちの裏返しであり、本当は人のことなど何も気にしていません。**第三者からの過剰な賞賛を求めているから、人とわかり合いたい……**と考えているのです。

ここまで極端ではないとしても、誰にでも、心の底には「人から認められたい」、「褒められたい」という願望があります。
それは、自尊心を満たしたいとか、自己肯定感を高めたいという根源的な欲望だけでなく、**自分の「脳」を活性化させることにつながる**からです。

人から認められたり、褒められたりすると、脳の前頭葉の機能がアップします。
意欲が湧く、想像力が高まる、前向きな気持ちになる、アクティブになれる……など、ポジティブな活力が生まれて、元気になることができます。

人から褒められるというのは、単に気持ちがいいとか、プライドを満たすだけではなく、脳を喜ばせることでもあるのです。

**相手に興味を持つ必要はなく、嘘でもいいから、相手を認めて、褒めてあげれば、それが「相手のため」になります。**

その褒め言葉が、本心かどうかは、まったく関係ありません。

「褒められた」とか、「認められた」という事実だけが相手に伝われば、それだけで、相手を応援することになるのです。

人を褒める習慣を身につけておけば、人間関係で軋轢が生じる可能性を極端に抑えることができます。

相手から、ネガティブな感情を返されて、嫌な思いをすることも少なくなります。

相手に興味など持たなくても、**褒めることさえ覚えておけば、それが「自己防衛」の役割を果たしてくれる**のです。

# 「心にもないこと」を言えない人は知能が高い

「人のことは褒めておけばいい」と言われても、自分が思ってもいないことは、口に出せない……と感じる人もいるのではないでしょうか？
心にもないことを言うのは、白々しいだけでなく、**「自分が許せなくなる」という人は、総じて知能が高い人**と考えることができます。

それが極端な場合は、「潜在抑制機能障害」といって、何でもないことを重要と思い込んだり、注意能力が散漫になって、妄想や幻覚を引き起こすこともありますが、ほとんどの場合は「矛盾アレルギー」のようなもので、矛盾したことが言えないとか、嘘がつけないという傾向が見られます。

**曖昧なものや、漠然としたものを受け付けないのは、知能が高い人にありがちな特徴の一つ**といえます。

こうした人たちは、「最近、どうですか？」などと曖昧なことを聞かれると、脳がバグッて、返答ができません。

漠然とした質問に対して、正直に答えようとするため、脳がフリーズして、考え込んでしまうのです。

脳の働きでいえば、言語性知能を司る左脳が発達していて、動作性知能を司る右脳と乖離（かいり）がある状態といえます。

**感覚的に物ごとが考えられず、論理的に整っていないと、自分の判断ができません。**

人から言われたルールなども、整合性がなければ受け入れられないため、周囲から「融通が利かない」とか、「理屈っぽい」と見られることになります。

世の中には、自分で思ってもいないことを平気で話せる人もいれば、少しでも矛盾があったり、曖昧さがあると、何も言えなくなってしまう人もいます。

自分がこのタイプだという自覚があるならば、ムリして心にもないことを口にするとストレスを溜め込むことになります。

相手を褒める場合には、自分の土俵に立って、合理的に相手のいい面に目を向けるようにすることが大切です。

# 「矛盾アレルギー体質」の人に対する対処法

人間関係を最適化するためには、こうした「矛盾アレルギー体質」の人を相手にする場合の対処法も知っておくことが大切です。

あなたの職場にも、こうしたタイプの人がいると思いますが、相手を褒める場合には、漠然とした褒め方で何も問題はありません。

正確にお伝えするならば、**褒め言葉は曖昧である必要があります。**

相手を深く褒めようとすると、その説明の細かい部分に疑問を感じて、矛盾を持たれる危険性があるため、あまり具体的な内容は避けた方が無難です。

「さすがですね！」とか、「やっぱり、すごいですね！」など、曖昧なフレーズを使えば、関係性がこじれることはありません。

注意が必要なのは、相手に対して答えを求めるときです。

「この案件は、どうなんですかね？」などと曖昧な質問をすると、相手の脳をバグらせることになり、まともな答えが返ってくることはありません。

「この案件の問題点は、ここにあるのではないですか？」と具体例を示して問いかければ、きちんとした返答を得ることができます。

矛盾アレルギー体質の人は知能が高い傾向にありますが、**必ずしも圧倒的に仕事ができるとは限りません。**

曖昧な指示を出して、論理的に説明しない上司の下で仕事を任されると、矛盾や疑問ばかりが頭に浮かんで、周囲を納得させるような成果を出すことが難しくなります。

それとは逆に、論理的な説明ができて、明確な指示を出す上司に恵まれれば、圧倒的な成果を出すことができます。

勉強についても同じで、矛盾なく丁寧に教えてくれる教師に出会っていれば、相当にハイレベルな学力を手に入れますが、実際には学校教育の段階で躓（つまず）いてしまう人が少なくありません。

教師の教え方に矛盾があると、そこで思考が停止してしまって、ノートを取ることもできなくなってしまいます。

こうしたタイプの人は、元々は知能が高いにもかかわらず、教師との不幸な出会いによって、「勉強ができない子」とか「頭の悪い子」というレッテルを貼られることになるのです。

あなたの職場にも、仕事の飲み込みが早い人と遅い人がいると思いますが、**飲み込みが遅いからといって、必ずしも仕事ができないとか、頭が悪いとは限りません。**

世の中には、矛盾アレルギー体質の人がいる……ということを知っておけば、人間関係を最適化する際に役立つはずです。

# あなたの行動が職場の人を「モンスター化」させている

私が「他人に興味がなくても何も問題はない」と考える一番の理由は、中途半端に相手に興味を持って、相手のために良かれと思って行動していると、想像もしなかったような「シッペ返し」を食うことになるからです。

相手のためと思って、相手の気持ちに忖度して、自分にムリをして相手に合わせた行動を取っていると、自分の脳が炎症を起こして、認知機能が低下するだけでなく、**周囲の人を「モンスター化」させるリスクが高まる**のです。

その背景には、脳の働きに重要な役割を果たしている「神経伝達物質」や「ホルモン」が深く関係しています。

ムリや我慢をして相手に合わせていると、あなたの脳内では、意欲や幸福感、快楽などを高める神経伝達物質「ドーパミン」を抑制する「プロラクチン」（下垂体前葉ホルモン）が分泌されて、やる気やモチベーションが低下することになります。

その一方で、**相手は次第にあなたを軽視するようになり、マウントを取るなど、理不尽な行動を繰り返す**ようになります。

あなたの日常的な言動に刺激されて、相手の脳内でプロラクチンの分泌が低下し、ドーパミンの分泌が過剰になってしまうからです。

職場の人がモンスター化すると、やっかいで迷惑な行動を取るようになります。

相手がチームリーダー（上司）の場合と、チームメンバー（部下）の場合に分けて、その具体例を紹介します。

**◆相手がチームリーダーの場合**

**①態度や判断をコロコロと変える**

②公平な評価をしてくれない
③仕事を丸投げしてくる
④人に責任転嫁して自己保身を図る
⑤プライバシーに踏み込んでくる

**◆相手がチームメンバーの場合**

①業務命令に従わず、自分の権利を主張する
②上司や同僚を誹謗中傷する
③正論を通すことにこだわり、指示を無視する
④仕事をサボり、遅刻や欠勤が増える
⑤弱い立場の社員にハラスメントを繰り返す

どれか一つでも思い当たることがあるならば、相手の気質に問題があるのではなく、あなたの日常の行動が、その原因を作っている可能性があります。

**自分と相手のために「良かれ」と思ってやっていたことが、完全に逆効果となって**

**いることも少なくない**のです。

我慢やムリを重ねて、良好な人間関係を築こうと努力を続けても、自分の脳がバグったり、相手がモンスター化したのでは、何の意味もありません。

だからこそ、人間関係を最低限に抑えて、最適化を図る必要があるのです。

# 第2章

Chapter_02

# なぜ人づき合いは面倒なのか？

# 人間関係が難しいのは「知能の差」に原因がある

あなたの職場に、「**あの人とは話が合わないな**」と感じる人はいませんか？

雑談をしただけで、「**何となくイライラする**」と思ってしまう人はいませんか？

自分とウマが合わない相手がいると、ほとんどの人は、「性格や考え方の違い」と考えてしまいますが、それが原因ではありません。

実際には、「**知能の差」によって、お互いの間に違和感が生まれている**のです。


知能の差とは、どういうことなのか？

第2章では、人と人の間に存在する知能の差に焦点を当てて、人間関係を最低限にすることの意味と意義を詳しくお伝えします。

人間関係を複雑にしているのは、**性格や考え方の違いではなく、お互いの知能の差に理由がある……**という新たな視点を手に入れることで、周囲の人たちとの「距離感」を明確化することができます。

相手との距離感の解像度を上げて、自分の意志で適切な行動を選択することが、人間関係を最適化するための第一歩となります。

子どもの頃に、知能検査（ＩＱテスト）を受けた人も多いと思います。

知能検査は、論理的思考や言語能力、空間認知能力、数学的能力などを評価することで、個人のＩＱ（知能指数）を測定するものです。

ＩＱとは、人間の「認知能力」を測定するための指標です。

ＩＱの平均値は１００とされ、90～１０９が平均範囲に該当します。

その数値が１１０以上になると「高い」、１２０～１２９が「優秀」、１３０以上は「極めて優秀」と評価されます。

ＩＱ１３０以上の人は、「ギフテッド」（天賦の才）と呼ばれて、先天的な高い知能を持っていると考えられています。

ＩＱというのは、あくまで認知能力を測定するものですから、学力や学歴の高さを示すものではありません。ある調査によると、東大生の平均ＩＱは１２０といいますから、勉強ができる東大生でも、とび抜けて知能指数が高いわけではないのです。

ＩＱが高い人には、次のような五つの傾向が確認されています。

**①論理的思考力が高い**
**②記憶力がいい**
**③集中力がある**
**④好奇心が旺盛**
**⑤粘り強く物ごとに取り組める**

誤解のないように説明しておくと、ＩＱの低い人が、勉強や仕事ができないということではありません。

何かを理解するのに多少は時間がかかることもありますが、自分のペースで物ごとに取り組むことができれば、きちんと成果を出すことができるのです。

## 知能の差に着目して「人間関係」の解像度を上げる

人間関係の悩みを抱えたクライアントと向き合う際、私はＩＱテストを実施するのではなく、「**ナラティブ・アプローチ**」を用いています。

ナラティブとは、日本語に訳すと「物語」の意味です。

クライアントが語る主観的な物語を通して、問題の背景を理解し、全人格的なアプローチを試みるというアルゴリズム（問題解決の手法）です。

クライアントが、上司との人間関係に悩んでいるならば、まずは自分の正当性を主張するクライアントの話を聞き、クライアントの物語を肯定的に受け止めることで、問題解決の糸口を探ることになります。

問題解決の糸口を探る手法の一つが、**人と人の「知能の差」に着目したナラティブ・アプローチ**です。

これは、私が考案したオリジナルのアルゴリズムです。

まず最初に、クライアントに対して、「平均値が100としたら、あなたは自分のIQはどのくらいだと思いますか？」と質問します。

その次に、「上司のIQは、どのくらいだと思いますか」と尋ねてみます。

エビデンスや客観的な裏付けなどは何も気にせず、自分の頭にパッと思い浮かんだIQを率直に答えてもらいます。

IQを頭で「考える」のではなく、自分に「問いかける」ようなイメージです。

クライアントが口にしたIQを、私は「**暫定知能**」と呼んでいます。

クライアントが自分の直感で導き出した暫定知能には、本人の「主観」がデジタル式に示されます。

**自分自身を、どのように見ているのか？**
**相手の上司は、どのように見えているのか？**

その数値をベースにして、ナラティブ・アプローチをスタートさせます。

クライアントが、「私のＩＱは１２０くらいかな。上司は90前後だと思います」と答えたならば、上司を自分より下に見て、自分よりもＩＱが低い……と考えていることが明らかになります。

私は、「**あなたの方が、上司よりもＩＱが高いということですね**」という確認をしてから、カウンセリングを進めます。

「自分の方が上司よりもＩＱが高い」というナラティブの視点に立って、上司の言動を俯瞰（ふかん）で見つめ直してみると、心理的な余裕が生まれて、上司の振る舞いを客観視することができます。

「**自分よりもＩＱが低いから、あんな言い方をするんだな**」とか、「**日によって指示が変わるのは、ＩＱが低いからなのか……**」などと考えるようになって、自分自身でソリューションを見つけ出すことにつながります。

その一方で、「自分の方が上司よりもＩＱが高い」と考えることで、**自然と自己肯定感が高まることになる**のです。

知能の差に目を向けると、これまで気づかなかった「新たな視点」を手に入れることができます。

別のアングルから物ごとを見つめ直すことで、ずっと悩んでいた上司の言動が、少しも気にならなくなったりするのです。

# 知能の差が「20」あると相手のことを理解できない

厳密な実験データがなく、数値化はできていませんが、私の経験でいうと、自分と相手の知能差が「20」くらいあると、相手のことが理解できず、話が通じない傾向があります。

極端なことをいえば、相手に対して、**「何となく不快だな」とか、「話をしても面白くない」と感じているならば、知能差がある**……と考えることができます。

知能の高低差というのは、山の高低差と同じようなもので、**見えている風景がまったく異なりますから、相手のことに興味や関心を持つことはありません。**

相手のことを何とも思っていないため、一緒にいても楽しい気持ちになれず、お互いに居心地の悪い思いをすることが多くなるのです。

知能の低い人が高い人を理解できないことは容易に想像できますが、知能が高い人も同じように、低い人のことが理解できません。

仕事のできない後輩に対して、先輩が「**何でこんなことがわからないんだ**」と怒るようなもので、上から見ると、想像以上に下のことが理解できないものなのです。

「この人といると、何となく居心地がいい」とか、「話が盛り上がって楽しい」と感じられる相手であれば、相手との間に知能の乖離（かいり）がなく、ほぼ同じレベルのＩＱであると考えられます。

あの人とはウマが合うとか、波長が合う……と感じるのは、性格や考え方が似ているのではなく、**ＩＱが同じ水準にある**ということを意味します。

「自分とは正反対な性格の親友がいる」という人ならば、思い当たることも多いのではないでしょうか？

多くの人が、**「同じ職場で働いているのだから、知的レベルも似たようなものだろう」**と考えがちですが、知的水準が同じであっても、知能の差は存在します。知能の差があるから、気持ちのすれ違いが起こったり、お互いの存在がストレスになったりするのです。

周囲の人のＩＱを意識したことなど、ほとんどの人がないと思いますが、**人間の脳は瞬時に相手のＩＱをキャッチして、無意識のうちに相手を見極めています。**例えるならば、野生動物が出会った瞬間に相手との上下関係を判断して、自分の取るべき行動を選択しているようなものです。

ある意味では、すべての生き物が持つ「生存本能」といえるのかもしれません。

自分が意識していなくても、脳が勝手に相手の知能を判断している……というのは、脳が持っている不思議な能力の一つですが、**自分が意識していないからこそ、気づかないうちに、相手との間で軋轢（あつれき）が起こったり、ストレスを抱え込んだりする**のです。

# ＩＱの高い人は「マウント」を取られやすい

「人間の脳が瞬時に相手のＩＱをキャッチする」という不思議な現象について、私が遭遇した興味深いエピソードを紹介します。

私のところに、就活の医学生が面接に来たときの話です。

その医学生は、ＩＱ１３５という優秀な若者で、朗らかで優しさを感じさせるタイプの男性でした。

面接を終えた彼が、部屋を出て、待合室で順番を待っていた女性を見た瞬間、彼女を威嚇するような態度を示したのです。

穏やかな彼の攻撃的な態度に、私は呆気に取られてしまいました。

その女性が、何らかの挑発的な仕草をしたわけではありません。面接室から出てきた彼に軽く目を向けただけですが、彼は女性に対して、明らかに挑むような気配を見せたのです。

彼はなぜ、そんな行動を取ったのか？

私の推測では、彼の脳が彼女のＩＱを読み取って、瞬時に上下関係を判断したことで、「**自分の方が上だぞ**」と示すために、本能的にマウントを取りにいったのだと考えています。

彼女に確認してみると、ＩＱは１６０といいますから、まさにギフテッドであることがわかりました。

彼の脳が瞬時に彼女のＩＱの高さをキャッチして、「相手が上で、自分の方が下」と判断したため、本能的に「**自分の優位性を守りたい**」という気持ちが芽生え、無意識のうちに身体が動いてしまったのだと思います。

こうした行動を、心理学では「**優越の錯覚**」といいます。

優越の錯覚とは、**自分は他の人よりも優れていると錯覚して、自分のことを過大評価する心理的傾向**を指します。認知バイアス（考え方の偏り）の一種で、無意識的に発動する心の「防衛機制」と考えることができます。

防衛機制というのは、困難や危機に直面したときに、**不安や苦痛を軽減するために働く心理的メカニズム**のことです。

彼が謎の行動に出たのは、脳が瞬時に彼女のＩＱの高さを認識したことで、本能的に自分を守ろうとしたのだと思います。

そう解釈しなければ、朗らかな彼が、女性を威嚇する動機や必要性を、合理的に説明することができないからです。

現実問題として、**ＩＱの高い人が、どこに行っても人からマウンティング（自分の優位性を示そうとする言動や態度）をされるのは、日常的によくあること**です。

それは脳が勝手に相手のＩＱをキャッチして、本人に自覚がなくても、無意識のうちに、自分の優位性を主張したくなる……という人間の本能に理由があるのです。

# ＩＱの高い人が陥りやすい「インポスター症候群」

相手との知能差が「20」くらいあると、お互いが相手のことがわからない……とお伝えしましたが、人間関係の悩みや問題は、こうした知能の乖離が原因となっていることがほとんどです。

「相手のことが理解できない」と感じた場合、**ＩＱが低い人ほど、「あの人の頭が悪いからだ」と相手に問題がある**と考えがちです。

それに対して、**ＩＱが高い人は、「相手がわかってくれないのは、自分の説明が悪いからだ」と自分に問題がある**と考えてしまいます。

人間関係のトラブルの根底には、こうした考え方の違いがあるのです。

ハッキリと言ってしまうと、IQが低い人は自分に問題があるとは考えられず、相手に責任を押し付けてしまうため、あまり人間関係に悩むことはありません。

IQが高い人は、相手の問題とは考えず、**「自分のどこが悪いのか？」と思考のベクトルが自分に向いてしまうため、人間関係に頭を悩ませる**ことになります。

知能が高い人ほど、「自分の知能が高い」とは思えない傾向があるのです。

こうした偏った考え方を、心理学では、**「インポスター症候群」**といいます。

インポスター症候群とは、1978年にアメリカの心理学者ポーリン・R・クランスとスザンヌ・A・アイムスによって提唱されたもので、**自分の能力を実際よりも低く考えてしまう**……という心理状態を指します。

インポスターとは、詐欺師やペテン師を意味する英語です。

自分の実力や能力を肯定的に受け止めることができないため、「自分のことを詐欺師と思い込んでしまう」というのが命名の由来とされています。

インポスター症候群の人には、次のような傾向が見られます。

**①自分を過小評価して卑下（ひげ）する**
**②必要以上に謙遜する**
**③ネガティブ思考**
**④人目を過剰に気にする**
**⑤チャレンジ精神の欠如**

あなたの職場に、こんなタイプの人はいないでしょうか？

仕事で成果を上げても、舞い上がったり、大喜びすることはなく、「これは自分の実力ではなく、ただ運が良かっただけ」とか、「チームのサポートがあったから、何とか上手くいきました」と一貫して謙虚な姿勢を崩さない人……。

周囲の人の目には、「クールな人」とか、「控え目な人柄」と映ると思いますが、**大きな成果を上げても、それが自分の実力とは考えられず、つねに不安な状態にあるの**

**が、インポスター症候群の典型的な特徴**です。

インポスター症候群に陥ると、「自分には実力が足りない」と考えるだけでなく、「周りの人は自分よりも優れている」という思いが強くあるため、自分の欠点の克服ばかりに意識が向きがちです。

自分のことで精一杯になってしまうことで、**周囲の人に興味や関心を持つ気持ちの余裕がなくなって、職場で孤立化することになる**のです。

# インポスター症候群は「聡明な女性」に多い

インポスター症候群は、IQが高い人に多く見られる傾向で、男性よりも女性が陥りやすいとされています。

聡明で仕事のできる女性や、高いキャリアを築いている女性、専門職などのスペシャリストの女性に多いと考えられています。

インポスター症候群に陥る原因には、「心理的要因」、「人間関係の要因」、「家庭環境の要因」の三つがあります。

**①心理的要因**

・失敗を極度に恐れる

・周囲の評価に過敏に反応する
・自己肯定感が低い

**②人間関係の要因**

・上司や同僚からの過剰な期待
・周囲との比較で物ごとを判断している
・相談相手がいない

**③家庭環境の要因**

・親からの過度な期待や批判
・周囲との協調の強要
・兄弟や姉妹との優劣の比較

最近の研究では、ヘルペスウイルスに感染すると、脳が炎症を起こし、うつ状態になることで、インポスター症候群になりやすい……という報告もあります。

それぞれの要因が複合的に混じり合うことで、**自分を肯定的に受け止められなくなって、自分を過小評価するようになる**と考えられています。

インポスター症候群の人が、意外に社交的に見えるのは、「自分のことを認めてほしい」、「もっと褒めてもらいたい」と切実に願っていることに理由があります。自己肯定感が低いため、承認欲求が強まることで、人との接触を好む傾向があるのです。

インポスター症候群の人が職場にいると、周囲は扱いに悩むことになります。こうしたことが、**職場の人間関係を難しくしている一因**でもあります。

# 自信過剰な男性に多い「ダニング・クルーガー効果」

自分を過小評価してしまうインポスター症候群に対して、正反対の働きをするのが、「ダニング・クルーガー効果」です。

ダニング・クルーガー効果は、１９９９年にアメリカの社会心理学者ジャスティン・クルーガーとデイヴィッド・ダニングが提唱した考え方で、**「正しい自己評価ができないと、自分を過大評価してしまう」**という心理状態を指します。

思い込みや先入観によって非合理的な判断をしてしまう「認知バイアス」の一つで、男性に多く見られる心理現象です。

ダニング・クルーガー効果は、ダニングとクルーガーの二人が、大学生に対していくつかのテストを実施し、「自分の成績は、どの程度なのか?」を予想してもらう……という実験によって導き出されました。

実験の結果、**成績が悪い学生ほど、自分の成績を高く評価する傾向があり、成績上位の学生たちは、実際の自分の成績よりも低く予想している**ことがわかりました。

この実験によって、自分の能力を客観視できないと、自分に対する評価が歪（ゆが）みやすい……ということが明らかになったのです。

ダニング・クルーガー効果の特徴は、「自分の能力を過大評価してしまう」ことにありますが、他にも次のような傾向が見られます。

**①人の能力を正当に評価できない**
**②先入観や思い込みが強い**
**③根拠のない自信がある**
**④人の意見を受け入れない**

## ⑤人に責任転嫁する

あなたの職場にも、**「根拠のない自信」を振りかざして、仕事を混乱させている人がいるのではないでしょうか？**

本人が「自分は優秀だ」と考えていても、その思い込みが実際のスキルや能力を上回っていると、仕事に支障が出ます。

成果が上がらない、仕事のクオリティが低い、納期に間に合わない……などの緊急事態が発生して、チーム全体で慌ててサポートに回ることになります。

**こうしたトラブルの原因は、本人が「自己評価と職場の評価のズレ」を認識できないことにあります。**

ダニング・クルーガー効果に陥った人がいると、職場の人間関係を悪化させる「火種」になることも珍しくないのです。

## 「自分は人より20％は優れている」と思い込む人たち

ダニング・クルーガー効果の問題点は、自分を客観視できないことにありますが、必ずしもIQが低いわけではなく、IQが高い人にも多く見られます。

IQの高い人がダニング・クルーガー効果に陥ると、言い訳が上手かったり、弁解が巧妙だったりするため、職場はさらに混乱します。

こうした人が職場の上司になると、間違った結論に導かれたり、チームワークが乱れて、雰囲気が悪くなるなど、さまざまな悪影響を及ぼすことになるのです。

ダニング・クルーガー効果は、**「自己認識」や「メタ認知能力」の不足が原因で起こる**と考えられています。

メタ認知能力とは、自分の認知（考える、感じる、記憶する、判断するなど）を客観的にとらえて、適切な行動を取る能力を指します。

具体的には、次のような傾向が原因とされています。

**①自分のスキルや能力を俯瞰視できない**
**②人の意見に耳を傾けない**
**③自己防衛や自己正当化の意識が強い**
**④失敗の原因を考えない**

ダニング・クルーガー効果を起こすと、一般的には、**「自分は人よりも20％は優れている」**と考えるようになります。

この「自分は人より20％くらいは優秀」というのは、意外に多くの男性に共通する感覚ではないでしょうか？

男性であれば、思い当たるかもしれませんが、うつ病でない限り、ほとんどの男性が「自分は他の人より20％くらいは優秀だろう」と考えがちです。

これもまた「優越の錯覚」の一つですが、男性の感覚に近いからこそ、ダニング・クルーガー効果は男性に多くなる……と考えることができます。

ダニング・クルーガー効果に陥ると、自分の知識や能力を過大評価しているため、**「自信過剰」**の傾向が見られます。

人に対して積極的に意見を述べたり、アドバイスをすることが多くなり、一見すると、人に興味や好奇心を持って積極的に行動しているように感じますが、一番の問題は、**相手がそれを迷惑がっていることを認識できない**点にあります。

本人は「良かれ」と思って、周囲のために孤軍奮闘しているように感じていますが、周囲の人たちの目には、「勝手な暴走」とか、「ハタ迷惑な親切」と映っていることがほとんどなのです。

# パワハラの根底にあるのは「嫉妬」の感情

日本の企業では、パワハラやセクハラに対する意識が高まっていますが、コンプライアンス違反の言動にも、インポスター症候群や、ダニング・クルーガー効果が深く関係しています。

職場の上司やチームリーダーがIQの高い人であれば、インポスター症候群を起こす可能性があります。

仕事ができて、謙虚な姿勢のリーダーであれば、上司として申し分のない存在に思えますが、**こうした上司の下で仕事をしていると、メンバーが優越の錯覚を起こして、ダニング・クルーガー効果に陥る危険性が高まる**のです。

チームのメンバーがダニング・クルーガー効果を起こすと、上司の能力やスキルを正当に認識することができず、本人の中で「嫉妬」の気持ちが高まることで、**上司に対して反抗的になったり、他のメンバーや後輩にパワハラをする**ようになります。

本人には嫉妬の自覚がないため、人間関係が複雑化してしまうのです。

その一方で、上司やリーダーがダニング・クルーガー効果に陥ると、チームメンバーの能力を冷静に見極められなくなって、**リーダー自身がマウントを取りに行ったり、パワハラに走る**こともあります。

この場合も、本人に自覚はありませんが、「嫉妬」が原因です。

チームのメンバーが高いスキルを発揮して、仕事で成果を収めるのを目の当たりにすると、それを賞賛するのではなく、メンバーに対する嫉妬の感情が湧き起こって、脳が暴走してしまうのです。

**パワハラに代表される「ハラスメント」の背景にあるのは、「嫉妬」の感情**です。

例えば、**夫婦間のDV（家庭内暴力）は、妻のIQが夫を上回っている場合に起こることがほとんど**です。

日本社会では、男性は女性より上、妻は夫より下……という時代が長く続いてきましたが、いまだにそうした古い考えを引きずっている人がいるのです。

夫の脳が妻のIQの高さを認識することで、「俺に養ってもらっているのに生意気だ」とか、「女のクセに偉そうだ」という嫉妬の感情が起こります。

普段は理性によって嫉妬の感情を抑え込んでいますが、嫌なことがあったり、酒に酔ったりしていると、理性が吹き飛んで、嫉妬が蘇（よみがえ）ることによって、暴力に及んでしまうのです。

上司の場合も同じで、**部下の方がIQや能力、スキルが高かったりすると、それを認識して嫉妬の感情を持つようになり、パワハラに走ってしまう**ことになります。

パワハラの根底には嫉妬があり、人は例外なく嫉妬の感情を持っています。

**本人に嫉妬の自覚があれば、それを自分のエネルギーに変えることができますが、自覚ができない精神状態にあるから、パワハラをしてしまう**のです。

周囲の人に対して、「生意気だな」とか、「気に入らないヤツだな」と感じたら、自分の感情に目を向けて、「自分は相手に嫉妬しているのかもしれない？」と考えてみることが、パワハラを未然に防ぐことにつながります。

# 人との適切な距離感を知るために「暫定知能」を活用する

人間関係が難しかったり、人づき合いが面倒になったりするのは、世の中にはインポスター症候群に陥っている人や、ダニング・クルーガー効果を起こしている人が入り乱れているため、いくら自分が良かれと思って行動しても、期待したほどの効果が得られないことに理由があります。

徒労感に悩まされるだけでなく、自分の脳がバグって、ネガティブ思考に走ることになりますから、**自分にムリをしてまで相手に興味を持つ必要はない**……と割り切って考えることが大切です。

人に興味を持って相手のことを考えたり、人間関係に悩むというのは、想像力が必要なことですから、それだけで知能が高い証拠でもありますが、**自分を基準にして考えてしまうと、なかなか上手くはいかない**ものです。

余計にグルグルと考えを巡らせることになって、認知機能の低下を招きます。

認知機能が低下すると、さらに周囲との関係がこじれてしまうのです。

周囲の人たちとの適切な「距離感」を知って、ムダにストレスを溜め込まないためには、「暫定知能」を活用することが有効な手段になります。

自分と相手のIQを頭に思い浮かべることによって、**お互いの知能差を認識して、相手に対する距離感を判断する**のです。

自分の頭に思い浮かんだIQなんて、「どこまで信用できるのか？」と思う人もいるでしょうが、数値を信用する必要などありません。

あくまでも、現時点の自分の脳は、自分と相手のことをどのように考えているのか……を探ることによって、相手との距離感を知るための「物差し」ですから、**信用性**

**や信憑性を考えても、何の意味もない**のです。

暫定知能にはレンジ（振れ幅）があって、自分が置かれている状況や体調、相手との関係性の変化によっても、数値が変動します。

その時々で適切な距離を測っていけば、自分がムリをする必要がなくなるのです。

注意が必要なのは、相手との比較の基準となる自分のＩＱです。

両親から厳しい教育を受けて抑圧されて育ったり、周囲の人からいじめを受けるなど、不遇な経験をしてきた人は、自分のＩＱが高くなる傾向が見られます。

自分のＩＱが１６０とか、１８０などと思い浮かぶようであれば、「**これまで虐げ（しいた）られてきた分だけ、数値が上がっている可能性がある**」と認識することで、自分自身を客観視することができます。

それが今後の人間関係の「在り方」を考える上での重要なヒントになります。

# 人との距離感がわかれば「つき合い方」が見えてくる

暫定知能によって、相手との距離感を認識することによって、今後のつき合い方を見極めることができます。

相手のIQが自分より下であれば、相手を不快に感じている理由が「知能の差」にあると自分を納得させることができて、これまで思い悩んできた相手の言動が少しも気にならなくなります。

「この人は自分よりIQが低いから、こんな言い方をするんだな」と考えることで、気持ちに余裕が生まれて、**ずっと不快に感じていた相手の言動を完全スルーすることができます。**

「嫌な思いをしてまで、この人と良好な関係を続ける必要はないな」とわかれば、相手と一定の距離を置く……という選択肢が手に入るのです。

その相手が自分の上司であれば、仕事に支障をきたさないために、日常的に**最低限の「ホウレンソウ」（報告・連絡・相談）だけをしっかりとやっていれば、余計な関係を持つ必要はない**……と気づくことができます。


上司のＩＱが低いと認識したのならば、ムリして関係を深めようとしたり、我慢して媚を売っても、ストレスが蓄積するだけで、あまり効果は期待できません。

期待できないどころか、自己犠牲を払って気を遣っても、逆に相手をモンスター化させて、余計に面倒になる危険性があります。

こうした上司に悩んでいるのであれば、最低限のつき合いを徹底することが「ベスト解」となります。


逆に相手の方がＩＱが上であれば、「**自己防衛**」**を意識した人間関係を心がける**ことが大切です。

自分と相手との間に知能差があるならば、興味や関心の範疇が異なるため、「**話が**

**通じないんだな」と理解する必要があります。**

ＩＱが高い人であれば、これまでに何度もマウントを取られる経験をしていますから、共感性や社会性がないことも珍しくありません。

**ムリに距離を詰めようとしないことが、自分を守る**ことになります。

その相手が上司の場合は、どんなにウマが合わなくても、日常的に接点を持たざるを得ない環境ですから、視点を変えて向き合うことがポイントです。

日常的に話が噛み合わず、「嫌なヤツだな」と思っている上司であっても、ＩＱが高くて、それなりに仕事ができる相手であれば、「尊敬の念」を持って接することに意味が生まれます。

少なくとも、相手から何かを学べる可能性はありますから、人柄を度外視してでも、歩み寄る余地はある……と考えることができます。

**そのメリットだけに目を向けることが、人間関係の最適化につながる**のです。

# 人間関係を最適化するコツは「目的」を明確にすること

人間関係を最低限に絞って、最適化を図るためには、暫定知能を参考にすることで、自分なりの「枠組み」を作ることが大切です。

自分がストレスなく過ごせる基準を見える化すれば、ムリして相手に合わせたり、あれこれと思い悩む必要がなくなります。

**相手との間に「距離が必要」とわかったならば、迷わず一線を引く**ことです。

ムリして相手に合わせても、どうせ合わないのであれば、「もう合わせなくていい」と決めてしまうことで、気持ちがラクになります。

相手との距離を認識したら、素早く割り切った判断を下さないと、いつまで経っても、モヤモヤした気持ちが続くことになるのです。

自分の中で「割り切る」と腹を決めて、人間関係を最適化するためには、**「何のために、それをするのか？」**、**「そこから何を得たいのか？」という目的意識を明確化することが重要**です。

職場の人間関係であれば、「仕事で成果を出して、給料を上げる」とか、「チームの業績を上げて、昇進する」など、**人のためではなく、自分中心の目的を設定します。**

自分のための目的であれば、「最低限、ここまではやる」→「でも、これ以上はやらない」という線引きが鮮明になります。

**人のための目的を掲げてしまうと、あれもこれもと悩むことになって、今までと何も変わらなくなってしまう**のです。

自分の目的を設定したら、**デボーション（献身）の覚悟を決める**ことです。

デボーションとは、目的を達成するために、自分の身を捧げるくらいの強い思いを意味します。

目的を果たすためであれば、どんな役割でも演じて見せる……という覚悟があれば、自分の腹が決まることで、多少のことは気にならなくなります。

これまで悩んでいた上司の言動や、怒りすら感じていた部下の態度も、**目的を達成するという「大義名分」があれば、小さなことに思えてきます。**

「目的のために、今は自分の役割を演じてるんだ」と割り切ってしまえば、悩む必要も、腹を立てる動機もなくなって、普段通りの自分でいられるのです。

# 人間関係を最低限にすると「人づき合い」がラクになる

人づき合いが面倒だと感じるのは、心理的な負担が大きかったり、ストレスを抱えてしまうことが関係しています。

相手のためと思って、相手の気持ちを優先して考えていると、**自分を見失うだけでなく、無意識のうちに心身のエネルギーを消耗してしまう**のです。

それが、一般的に「**人疲れ**」といわれる症状です。

イライラして怒りっぽくなったり、疲れやすくなったり、肩こりや胃の不調が起こるのは、人間関係の在り方に問題があるからです。

この章の最後に、人づき合いが面倒だと感じる理由を確認しておきます。

人疲れを起こす原因には、主に次のような五つの要素が関係しています。

**①人に合わせる必要がある**
**②人に気を遣わなければならない**
**③周囲の評価や視線が気になる**
**④嫉妬されたり、マウントを取られる**
**⑤集団のルールに縛られる**

誰にでも経験があると思いますが、こうした人間関係の「柵(しがらみ)」を乗り越えるのは至難の業です。

**相手を優先すると、自分が犠牲になります。**
**自分を優先すると、関係性が悪くなります。**

その微妙なバランスを取るためのメソッドが、人間関係を最低限にして、最適化を図ることであり、知能の差に着目することによって、周囲の人との適切な距離を認識することなのです。

周囲の人と適切な距離を取ることで、次のような変化が生まれます。

**①合わない人との接点が減る**
**②相手のことに深入りしなくなる**
**③周囲の反応が気にならなくなる**
**④人と関わる時間を減らせる**
**⑤自分のペースを優先できる**

これが人間関係を最低限にすることの真骨頂であり、一番の「意義」であると共に、最大の「意味」でもあるのです。

# 第3章

Chapter_03

# 人に興味がない人に上司が務まるのか？

# リーダーシップは「最低限」に発揮するだけでいい

**上司やチームリーダーが、人間関係を最低限にできるのか？**

そんな疑問を持つ人も多いのではないでしょうか。

部下やメンバーが困っていたら、できる限りのフォローをしたり、相談に乗ったり、たまには飲みに誘って気持ちを盛り上げることも、上司やリーダーの大事な役割です。

上司やリーダーが人間関係を最低限にすることは、**それらの役目を放棄する無責任な行為ではないか**……と感じる人もいると思います。

日本人は気マジメですから、部下の面倒をきめ細かく見てあげることが、チームをマネジメントすることであり、すべてのメンバーと平等な距離を保つことが、リーダーのあるべき姿と考えがちです。

本当にそれが、上司にとっての「最適解」といえるのでしょうか？

心理カウンセラーの目には、そうした日常の行動が、自分に都合よく解釈した「思い込み」のように映ります。

なぜならば、その大半が「**相手に合わせた行動**」だからです。

職場やチームのメンバーには、年齢や性別、キャリアの違いがあったり、さまざまな考え方の人がいます。

インポスター症候群の人もいれば、ダニング・クルーガー効果を起こしている人もいるかもしれません。

部下やメンバーの受け取り方は千差万別ですから、**上司が「良かれ」と思っている行動が、逆効果になっていることが多い**のです。

上司が親身になって面倒を見ても、それが相手に合わせた行動である限りは、部下やメンバーは思った通りには動いてくれません。

期待したほどの効果がないどころか、上司やリーダーの負担ばかりが増えて、さらにストレスや悩みを抱え込むことになります。

上司やリーダーは、相手に合わせた行動を取り続けるのではなく、**もっと自分を中心軸に置いて日常を見直す必要があります。**

この章では、人間の心理や感情の面から見た「部下との適切な接し方」をお伝えすることで、**上司が人間関係を最適化する方法**をお伝えします。

心理学の視点から上司と部下の関係を見つめ直すと、悩みやストレスを軽減できるだけでなく、職場の心理的安全性を高めることにつながります。

上司やリーダーとしての仕事のムダを省いて最低限にすることが、職場の人間関係を最適化することになります。

# 「管理」から「観察」に意識を転換する

日本企業では、ダイバーシティ&インクルージョン（お互いが多様性を認め合い、活かし合うこと）の考え方が浸透していますが、**上司の「自ら率先してリーダーシップを発揮しなければならない」という固定観念だけは、いまだにアップデートされていない**ように思います。

上司に求められているのは、チームをまとめたり、「管理」することではなく、メンバーの動向を「観察」することです。

**目標とする仕事のゴールを掲げたら、余計な口出しはせず、それを達成するためのアプローチ法はすべて部下に任せる……**というのが、心理学的にも理にかなったマネジメントスタイルといえます。

上司が部下の仕事を細かくチェックしたり、指示を出す「マイクロマネジメント」ではなく、部下に目標や方針を示して、それぞれの方法論を尊重する「マクロマネジメント」をするということです。

日本企業の上司やチームリーダーは、ほとんどが現場業務とマネジメントを兼ねる「プレイング・マネージャー」ですから、部下を管理するのではなく、観察する習慣を身につけると、自分のタスクに向き合う時間を作り出すことができます。

**「どうしてアイツは言う通りにしないんだ!?」という上司特有のストレスに悩まされることもなくなります。**

何らかのアクシデントが発生しても、サポートに回れるだけの時間的、体力的、精神的な余裕があるため、日常の仕事を効率よく進めることができるのです。

上司やリーダーにとっては、管理するという意識をリセットして、それぞれの部下やメンバーを客観的に観察して、適切な対応を取ることが、多忙な現状から抜け出して、職場の人間関係を最適化させるための第一歩となります。

タイプ別

# 部下と適切な距離を取るための「対策」と「注意点」

部下やメンバーの言動を冷静に観察する習慣を持つと、それぞれの仕事に取り組む姿勢や、考え方の違いがハッキリと見えてきます。

自分の能力を認めてほしい人もいれば、自分のスキル不足を棚に上げて、タスクの失敗を周囲の人に責任転嫁する人もいると思います。

部下やメンバーとの接し方は、上司にとって、頭の痛い問題ですが、日常的に相手の行動を観察することによって、**「どのような対応をして、どんな距離感を取ればいいのか？」**を見極めることができます。

部下やメンバーとの適切な距離がわかれば、**あれこれと細かく面倒を見る必要がなくなって、職場の人間関係を最低限に抑えることができる**のです。

ここからは、五つのタイプに分けて、部下との接し方を紹介します。

## タイプ① 自分の能力を認めてほしい部下

### ↓相手が恐縮するくらい褒めてあげる

部下やメンバーが、自分を認めてほしい「承認欲求が強いタイプ」であれば、ケチケチせず、**思いつく限りの賞賛の言葉を贈ってあげればいい**と思います。

「よく頑張ったね」

「今回も素晴らしい働きだったよ」

相手が恐縮するくらい大げさに褒めてあげれば、それだけで部下の自己肯定感が高まります。

自然とチームの雰囲気も良くなりますから、部下を褒めるときは、惜しみなく褒めることが大切です。

対策

## 何か注文があれば「サンドイッチ状態」で伝える

このタイプの部下に対しては、**褒めるべきときに、きちんと褒めておけば、その後はある程度の距離を取っても、関係が悪くなることはありません。**

それが人間関係の最適化につながります。

何か注文があるならば、「褒める」→「注文を出す」→「重ねて褒める」と、サンドイッチ状態でメッセージを伝えれば、確実に相手は納得します。

**褒め言葉は曖昧に伝え、注文は具体的に伝えることがポイント**です。

あまり具体的に褒めてしまうと、「**褒めポイントは、そこではない**」と感じる部下もいて、効果が半減してしまいます。

漠然と褒めておけば、相手は自分に都合のいいように解釈してくれます。

注意点

**中途半端な賛辞で済ませない**

日本人にはシャイな面がありますから、「悪くないね」などと、中途半端な賛辞で済ませる上司も少なくありませんが、**それで相手が納得することはありません。**

太鼓持ちにでもなったつもりで、褒めるときには思い切り褒めてあげれば、部下は前向きな気持ちで仕事に取り組むことができます。

タイプ②

## イライラして周囲に八つ当たりする部下

**↓相手を上回る勢いで対応する**

何かトラブルが起こったり、自分の思い通りに物ごとが進まないと、イライラしたり、八つ当たりをするなど、怒りを周囲にぶちまけるタイプの部下もいます。

上司の立場であれば、それを諫(いさ)めることも大事な役目ですが、**思わず見て見ぬふり**

**をしたり、途方に暮れてしまう人もいるかもしれません。**

そうした状態を放置してしまうと、職場の雰囲気が悪くなるだけでなく、上司のマネジメント能力が問われることになります。

そのリカバリーに時間と体力、気力を使うのは、明らかにエネルギーの浪費ですから、素早く対応することが、人間関係の最適化につながります。

## 対策　部下が怒っている原因に関心を持たない

部下が周囲の人に八つ当たりしている場面に遭遇しても、部下が怒っている原因に目を向ける必要はありません。

**なぜならば、部下が怒っている原因に関心を持ってしまうと、「待ってました」とばかりに怒りの大演説が始まるから**です。

一番の問題は、一度でもそうした対応をすると、**何か問題が起こるたびに、同じことが延々と繰り返されてしまう**ことにあります。

それを食い止めるためには、相手を上回るような勢いで、部下をきちんと叱ることが大事なポイントとなります。

私のところにも、怒りっぽいクレーマー体質の人が相談に来ることがあります。いきなり「俺のことをバカにしているのか！」と怒り出したりしますが、私は、「バカにするわけがないでしょう！」と相手を上回る勢いで対応しています。

ストレスなどが原因で、脳が炎症を起こしていると、思考や感情を司る前頭葉の機能が低下して、自分の感情をコントロールできない状態になります。

そんな場面では、「**発作を発作で消す**」というアプローチをすれば、相手は素直に治療を受けてくれるようになるのです。

毅然とした態度で臨めば、部下のイライラも次第に収まって、周囲の人たちも安心して仕事に取り組むことができます。

注意点

## あくまでも「最終手段」と考える

ハラスメント意識が高まっている現代では、無闇に部下を怒ったり、叱ることは差し控える必要があります。

あくまでも、ここ一番の場面で使える「最終手段」と考えて、頭の片隅に置いておくことが大切です。

**普段、温厚な上司であれば、その効果は倍増する**と思います。

タイプ③

## 無口で何を考えているかわからない部下

### ↓近づかずに距離を置いて見守る

口数が少ない人は、どこの職場にもいると思いますが、それが「無口で何を考えているかわからないタイプ」の部下であれば、何かに抑圧されて、内側に激しい情念を持っている可能性があります。

上司にとっては、最も気になる存在の部下ですが、「**最近、調子はどう?」などと軽い気持ちで話しかけると、予想外の猛反発を食らう**ことになります。

こうしたタイプの部下に対しては、一定の距離を置いて、できるだけ余計な口出しはせず、温かい気持ちで見守って、観察を続けることが大切です。

対策

## ムリに干渉する必要はない

無口なことは何も問題はありませんが、周囲の人に「何を考えているかわからない」と感じさせているということは、**コミュニケーションを拒んでいる証拠**です。

仕事で成果が出ているのであれば、ムリに干渉する必要はありません。

成果が出ていないのであれば、中途半端な親切心を出さずに、いずれは人事異動の対象になる……と割り切って考える必要があります。

注意点

## 相手の領域に踏み込むとトラブルに発展する

良かれと思って相手の領域に踏み込むと、それを悪意と捉えて反感を買うことになり、トラブルに発展することもあります。

部下の面倒を見ることだけが、上司の役割ではありません。

相手によっては、**そっとしておくことも、お互いの人間関係の最適化につながる**……と考える必要があります。

中途半端に何とかしようと考えるのではなく、スッパリと割り切って、明確に距離を置くことが大事なポイントとなります。

## タイプ④ すぐ人のせいにする部下

### ↓相手のモチベーションを高めていく

あなたの職場にも、仕事でミスや失敗があると、自分に落ち度があったのではなく、原因は相手の側にある……と考えてしまう「**他責思考**」**の部下**がいるのではないでしょうか？

こうした心理傾向を、心理学では「**自己奉仕バイアス**」といいます。

自己奉仕バイアスとは、**成功や失敗の原因を、自分本位に都合よく解釈してしまう考え方の偏り**を指します。


仕事で成果が出たら、「**自分の能力が高かったから**」と考えます。

成果が出なければ、「**指揮を取った上司が無能だから**」と決めつけます。

自分に責任がないことを主張するために、「すべては不可抗力だ」と言い出すこともあります。

こうした言動に走ってしまうことが、自己奉仕バイアスの顕著な特徴です。


部下に自己奉仕バイアスの傾向があると、**チームの雰囲気が悪くなって、生産性が上がらないだけでなく、お互いが反目し合う**ことになります。

「自分が正しい」とか「上司が悪い」など、現状の問題を良し悪しで判断したり、相手との比較で考えようとするのは、ダニング・クルーガー効果に陥って、「優越の錯覚」を起こしている証拠です。

自分の能力を客観的に見ることができず、過大評価してしまうため、上司がダメだから、自分が困っているのだ……と「被害者意識」を持つようになり、**上司を非難することで、溜飲を下げている**のです。

部下が「自分には何も問題はない」と考えて、すべての責任を周囲の人に押し付けてしまうと、チームの生産性は確実に低下します。

このタイプの部下がいる場合には、時間と労力を傾けて、何度も話し合う必要があります。

## 対策 部下に対して「期待している」ことを伝える

ダニング・クルーガー効果は、脳が炎症を起こしている状態ですから、上司が何とかしようと思っても、簡単に解決できることはありません。

大事なポイントは、**相手をコントロールできると考えない**ことです。

自分が思うように相手を動かそうとするのではなく、**一緒に問題点を見つけ出し、その改善策を話し合うことが大切**です。

話し合いの過程で、部下に対して「期待している」ことをきちんと伝えておけば、相手のモチベーションを高めることができます。

自分や周囲の人に問題があると考えるのではなく、**「自分がもっと頑張ればいいんだな」と発想を変える**ことが、脳の炎症を抑えることに役立ちます。

部下と上司で「新たな視点」を共有することが、問題解決の糸口になるのです。

注意点

## 腹立ちまぎれで「苦言」を呈さない

上司からすれば、「自分のことを棚に上げやがって」と腹を立てることもあるでしょうが、その部下に問題があるのではなく、原因は脳が炎症を起こしていることですから、相手を責めても仕方がありません。

大事なのは、**腹立ちまぎれで怒ったり、苦言を呈したりしない**ことです。

ダニング・クルーガー効果に陥っている部下を怒っても、相手の行動が改められることはなく、余計な軋轢が生まれるだけです。

**相手のためと思っても、逆に火種となってしまう**こともあります。

上司にできることは、相手をよく観察して、部下が発するさまざまなサインを見逃さないように注意することです。

## タイプ⑤ 上司を頼ってくる部下

### ↓アドバイスではなく「傾聴」を意識する

あなたの職場やチームにも、「自分の考えは間違っていないか?」と判断に迷うようなことがあると、すぐに上司を頼ってくるタイプの部下がいると思います。

上司やリーダーの立場であれば、できる限りのアドバイスをするのは当然のことと考えて、条件反射的に自分の考えを語り始める人も多いでしょうが、それが１００点満点の対応とはいえません。

上司が「良かれ」と思ってしたアドバイスが、人間関係を歪めてしまうこともあるのです。

部下が上司に意見を求める場合、**必ずしもアドバイスが欲しいわけではありません。**上司と話をすることによって、自分の背中を押してほしい人もいれば、自分の考えをまとめたいと思っている人もいます。

部下が求めているものを読み間違えて、相手の考えを否定するようなアドバイスをすると、「**自分はそこまで無能ではない！**」と反感を買うことになります。

「ピント外れな上司だな」と思われて、アドバイスに感謝されるどころか、軽蔑の対象となることもあります。

上司の観察不足によって起こる感情のすれ違いが、人間関係の悪化を招くこともあるのです。

## 対策 自分の意見を押しつけない

上司に頼ってくる部下に対しては、自分の意見を押しつけるのではなく、まずは相手の話にじっくりと耳を傾ける**「傾聴」を心がける**ことが大切です。

心理カウンセリングの基礎を築いたアメリカの心理学者カール・ロジャーズは、「傾聴の3原則」として、次の三つの姿勢を提唱しています。

- **原則①共感的理解**

相手の立場に立って、相手の気持ちに共感しながら理解する

- **原則②無条件の肯定的関心**

相手の話を善悪や好き嫌いで判断せず、ポジティブに受け止める

- **原則③自己一致**

相手の意図と自分の理解を一致させ、言葉の奥にある真意を把握する

部下が意見を求めてくる場合は、相手の考えをじっくりと聞いてあげるだけで十分なことがほとんどです。

**余計なアドバイスをしないことが、人間関係の最適化**につながります。

注意点

## 自分の考えや感情を差し挟まない

私がクライアントにカウンセリングをする際は、余計なアドバイスをしないように注意するだけでなく、自分の考えや感情を差し挟まないことを心がけています。

私が口に出す言葉は、次の「**三つのS**」だけということもあります。

①**「そう?」**
②**「そうなの?」**
③**「そうなんだ?」**

クライアントに対して、「そうなんだ。その気持ち、わかるよ」などと中途半端な相槌を打つと、**「あなたに私の何がわかるんだ!」**と猛反発を受けることになります。

相手の頭の中にあるソリューションに意識を集中させれば、最低限のコミュニケーションで、十分に意思の疎通が図れます。

こうした距離感の取り方は、部下の場合でも同じと考えることができます。

# 部下にアドバイスをする必要はない

アドバイスというのは、助言を与える側にとっては、相手を手助けしたいという思いの表れですが、相手がそれを額面通りに受け取ってくれるとは限りません。

人によっては、**「マウントを取られている」と感じたり、「自分が下だと思われている」と受け取って、嫌悪感を抱く**人もいます。

相手から「下」に見られていると感じると、不快な気持ちになるだけでなく、ＩＱが下がってしまうこともあるのです。

知り合いの心理カウンセラーから、興味深い話を聞いたことがあります。

ある心理カウンセラーが、クライアントに知能テストを実施したところ、ＩＱは75という結果が出たといいます。

ＩＱが75というのは、「知能遅滞」（知的障害）と呼ばれる水準で、障害者保険の対象となるレベルです。

その後、同じクライアントに対して、別の心理カウンセラーが心理テストをしたところ、ＩＱは１１５という結果になったといいます。

ＩＱ１１５であれば、平均の１００を上回って、「知能指数が高い」と評される水準です。

なぜ、これほど大きな違いが出たのでしょうか？

その理由は、**クライアントに対する接し方の違い**にありました。

低い数値が出た心理カウンセラーは、上から目線のアドバイスが多かったため、クライアントは不快感を感じており、その心理カウンセラーを見下していたといいます。

その一方で、高い数値が出た心理カウンセラーに対しては、自分と同じ目線で話ができることで、リスペクト（尊敬）の気持ちを持っていたそうです。

人間の脳というのは不思議なもので、**相手にバカにされたと感じているとIQが低くなってしまい、相手が尊敬できれば、同じ人であっても、IQが高くなる**のです。

あなたが誰かに悩みを打ち明けて、相手から「それは大変だったね」と同情されて、「でも、私はそうは思わないな。私だったら……」と相手の持論を延々と聞かされたら、どんな気持ちになるでしょうか？

私であれば、「**この人、何もわかっていないクセに、ペラペラと何を話しているんだ！**」と感じて、イライラすると思います。

そのイライラの原因は、「**評論家目線**」**で高いところからこちらを見ていることがわかる**からです。

人にアドバイスするというのは、語る側は「助言」と思っていても、聞く側は「指導」や「命令」と感じて、不快になることもあります。

こちらが良かれと思ってソリューションを提示しても、相手が「余計なアドバイス」

と感じているならば、相手は「マウントを取られている」と受け取ってしまいます。

人にアドバイスするというのは、**相手の受け取り方次第で、薬になることもあれば、毒になることもある**のです。

そこまで面倒なものであるならば、ムリをしてまでアドバイスをする必要はない……と覚悟を決めれば、ムダな時間と仕事を、大幅にカットすることができます。

上司が職場の人間関係を最適化するためには、こうした割り切った考え方をすることが、重要な意味を持っています。

# 部下の欠点は「自分の欠点」と考える

部下との適切な距離感を取るためには、心理学でいう「**自己投影**」という考え方を知っておくと、新たな視点を持つことができます。

自己投影とは、**自分の中の認めたくない感情や気質を、他の人に押しつけて、他人事のように思い込んでしまう心の働き**を指します。

部下のことを「怒りっぽい人だな」と感じているならば、実際には、自分が怒りっぽい性格だったりします。

「この人は少しキレやすいな」と思っているならば、本当は自分がキレやすいタイプなのかもしれません。

相手のダメなところや、嫌な面に意識が向くのは、**自分が潜在的に持っている部分だからこそ、そこばかりが目立って見えてしまう**のです。

見方を変えれば、自分のダメな部分を、相手に投影している……ということです。

自分が隠し持っていて、**「見たくない」と思っている部分に目が向いてしまうから、相手に対して嫌悪感を持ったり、拒絶する気持ちが働いてしまう**のです。

部下の弱点やネガティブな部分が気になったら、「自分にも同じところがあるのかもしれない」と疑ってみると、自分が感じている不快感や嫌悪感が、少しも気にならなくなります。

部下を「写し鏡」と考えることができれば、**ムダな注意をする必要がなくなって、部下との接点を最低限に抑えることができる**のです。

私がクライアントと向き合う際は、クライアントの問題は、すべて自分の問題であり、そこには自分の「影」が投影されている……というスタンスで臨んでいます。

クライアントが抱える問題を、自分の問題として捉えられないと、私自身がダニング・クルーガー効果に陥って、嫉妬の攻撃を仕掛けることになり、余計なアドバイスをしてしまうからです。

部下の悪いところは、自分の悪いところ……という視点を持って、「自分にも、そういうところがあるかもしれないな」と思いながら相手の話を聞けば、ムダな注意をしなくて済みます。

**ムダな注意をしなければ、部下が気を悪くすることもなく、自分がストレスを感じることもありません。**

こうした視点を持つことも、人間関係の最適化に役立ちます。

## 部下に指示を出す場合は「ダブルバインド」に要注意

部下に何らかの指示を出したり、報告を受ける場合には、自分の発言と対応が矛盾しないように気をつける必要があります。

上司の考え方に一貫性がない……というのは、多くの職場で聞かれることですが、**その原因は上司の「言行不一致」であることが少なくありません。**

具体的には、次のようなケースを指します。

・チームリーダーから、「わからないことがあったら、遠慮なく何でも聞いてくれ」といわれて、実際に聞きに行ったら、「それくらい自分で考えろよ」と怒られた……。

・仕事のミスを上司に報告しているときに、「なぜ、こうなったの？」と聞かれて、理由を説明したら、「言い訳をするな！」と叱られた……。

こうした行動を、心理学では「**ダブルバインド**」といいます。

ダブルバインドとは、アメリカの人類学者グレゴリー・ベイトソンが提唱した理論で、矛盾したメッセージを同時に受け取ってしまうと、相手にストレスや混乱が生じることを指します。

**上司のダブルバインドに直面すると、部下は戸惑うだけでなく、上司に反感を持つようになります。**

ムダな軋轢を生むだけでなく、信頼の回復に相当な時間と労力を費やしますから、十分に注意する必要があります。

上司にとって、ダブルバインドは人間関係の最適化を台無しにする行為なのです。

# 自分が「理想的」と思える上司像をイメージしてみる

上司が職場の人間関係を最適化するためには、上司本人が自分の在り方を見つめ直すことも、有効な選択肢となります。

自分を見つめ直すといっても、難しく考える必要はありません。

**自分がどんな存在であれば、自分のことを「俺ってスゴイ！」とか、「私って素晴らしい！」と思えるのか**……を考えてみるのです。

例えば、次のような理想の上司像をイメージしてみると、「自分が本当はどうなりたいのか？」が見えてきます。

**①スピーディーに的確な判断ができる上司**

**②部下を気遣い、感情的にならない上司**
**③責任感があり、部下を守れる上司**
**④一貫性があって、誰にでも公平な上司**
**⑤成長意欲が高く、ポジティブな上司**

理想の上司像が思い浮かばなければ、「どんな上司であれば、自分がカッコいいと思えるのか？」と置き換えてもいいと思います。

自分が「こうありたい」と思えるイメージが持てると、「**今の自分には何が足りないのか？**」が見えてきます。

その不足した部分を補うことが、これからの行動の指針になります。

それと同時に、「**自分は部下に対して、どう振る舞えばいいのか？**」**がリアルに理解できる**ため、部下との向き合い方や距離感を自分が理想とする形に修正することができるのです。

これはあくまでも、「自分が考える理想の上司」であって、**部下やメンバーから、そう思われたい……ということではありません。**

チームのメンバーから、「理想の上司と思われたい」と考えてしまうと、そう受け取ってくれない部下に対して、ネガティブな感情を持つことになります。

**周囲の人たちに、自分の評価を委ねないことがポイント**です。

人に評価してもらう必要はありませんが、自分から積極的に「自分はこんな上司を目指している」と宣言することは、いい効果を生み出します。

自分の願望を何度も口に出すことで、脳が反応して、「性腺刺激ホルモン」を分泌するからです。

性腺刺激ホルモンとは、さまざまなホルモンの働きをコントロールする下垂体から分泌されるホルモンの一つで、集中力が高まったり、前向きでポジティブな思考ができるようになります。

自分の理想に向かって、前進することができますから、あなたの発想の転換を後押しする役目を果たしてくれます。

**私は上司やリーダーが、部下やメンバーに興味を持つ必要はない**と考えています。

「他人に興味がない人」が上司やリーダーになっても、何も問題はありません。

中途半端に興味を持つと、それが足かせとなって、自分の首を締めることになるからです。

# 第4章

Chapter_04

# 人間関係の9割はいらない

# 人間関係は「線引き」しないと何も変わらない

人と関わりを持つことは、その人の感覚の中で生きることを意味します。

相手の気持ちを想像して、相手の思いに寄り添うような生活を続けていると、**自分の感覚で生きられなくなって、ストレスを抱え込みます。**

人との関わりを減らすと、毎日がつまらなくなるのでは……と不安に思う人もいるでしょうが、そう考えてしまうのは、すでにストレスが蓄積している証拠です。

私が本書を通じて、「最低限の人間関係」を提唱しているのは、**人との関わりを減らせば、人間関係のストレスが減って、自分の感覚で生きられるようになる**からです。

人の気持ちではなく、自分の気持ちを大事にすれば、自分が本当にやりたかったことを、心から楽しむことができます。

人間関係を最適化することは、**自分自身を取り戻す**ことを意味しています。

その感覚をリアルにお伝えするために、私のクライアントで、気持ちが落ち着かず、四六時中、ずっとイライラが続く……と相談に来た人のエピソードを紹介します。

話を聞いてみると、そのクライアントには、フェイスブック（ＳＮＳ）に数百人の友達がいて、朝から晩まで、メッセージのやり取りをしているといいます。

ＳＮＳ上のメッセージには、ポジティブな内容だけでなく、ネガティブで陰湿な意見も少なくありません。

たくさんのネガティブなメッセージを絶えず目にすることで、自分では気づかないうちにストレスが蓄積して、メンタルが不安定になっていたのです。

クライアントは自らの意思で、デジタル三昧の生活から抜け出すことを決意し、**大切な二人だけを残して、残りの友達はすべて削除する**ことにしました。

それから数週間後、再び私の前に座ったクライアントは、まるで別人のように、活力に溢れた表情に変わっていました。

話し方もスピーディーになって、こんなに頭の回転が速い人だったんだな……と改めて驚かされたほどです。

数百人の友達から受けていたストレスがなくなって、心身がリフレッシュできたことが原因だと考えられます。

これは、デジタル機器から離れて脳や心身をリセットする「デジタルデトックス」の効果ですが、人間関係についても同じことがいえます。

人間関係を最低限にして、相手から受けるストレスを減らせば、脳と心身が活性化して、ポジティブで前向きな気持ちを手に入れることができるのです。

この章では、**人間関係を最適化するための「手順」に焦点を絞って、その具体的な方法を詳しくお伝えします。**

**人間関係というのは、明確な線引きをしないと、ズルズルと引きずることになって、何も変えることができません。**

心理カウンセラーの視点から見ると、人間関係の「9割」は削除したり、消去することができる……と考えています。

## 人間関係を最適化するための三つのステップ

人から受けるストレスを減らして、脳とメンタルを活性化するためには、**自分の意思でストレス源となる人と距離を置く必要があります。**

その具体的な手順を、三つのステップに分けてお伝えします。

### Step① 「ウエットな人」とは関わらない

日本人は、「ウエットな関係を好む傾向がある」といわれますが、人間関係を最低限にして、最適化を図るためには、まず最初にウエットな人との関係を見直すことが最初のステップとなります。

この場合のウエットな人とは、**相手に過剰に感情移入したり、物ごとの判断が情に流されやすいタイプの人**を指します。

ウエットな人というのは、相手との共感や協調を重視して、人との感情的なつながりを求めがちです。

相手が職場や同じチームの人であれば、**就業後や休日などのプライベートな時間であっても、遠慮なく踏み込んでくる**こともあります。

相手に対して、「干渉が強すぎて居心地が悪い」とか、「距離感が近すぎて、息苦しい」と感じているならば、相手がウエットな人である証拠ですから、優先的に距離を置く必要があります。

大事なポイントは、ウエットな人と関わるのをやめて、「ドライな人間関係」を目指すことです。

別の視点で見るならば、**自分自身がドライな人になる**……と言い換えてもいいかもしれません。

ドライな人というと、「自分勝手で独善的」とか、「他人に冷たく不親切」など、ネガティブで思いやりがない人物像をイメージするかもしれませんが、私はまったく異なるアングルから見ています。

私が考えるドライな人とは、**「情に流されずに物ごとを判断できる」という強みを持っている人**を指します。

ドライな人には、次のような「長所」があります。

**①自分の価値観で行動できる**
**②ムリなことはハッキリと断る**
**③人のプライバシーを尊重する**
**④人の時間を奪わない**

**⑤誰に対しても態度が変わらない**

人間関係を最低限にするためには、ウエットな人との関係を見直すだけでなく、自分自身がドライな人になることが大切です。

「この人はウエットな人だな」と感じるならば、**相手が利害関係のある人だとしても、明確に距離を置く必要があります。**

これが、人間関係を最低限にするための最初のステップとなります。

## Step② 「不快な感情は相手のもの」という視点を持つ

緊張している人のそばにいたら、自分も緊張してしまった……という経験は誰にでもあると思います。

自分が緊張する必要はないのに、なぜ同じように緊張してしまうのか？

その理由は、人間の脳が持っている「**自動的に相手の真似をする**」という機能が働いていることにあります。

ドラマや映画などで悲しいシーンを観ていると、まるで自分のことのように悲しみが込み上げてくることがあります。

幸せそうな人を見ると、自分までハッピーな気分になることもあります。

人が泣いたり、笑ったりしているのを見ているとき、脳内では「**ミラーニューロン**」という神経細胞が活性化しています。

ミラーニューロンが活性化すると、脳内の感情を司る領域の活動が活発になります。

こうした脳の働きによって、私たちは人の行動を見ているだけで、あたかも自分が行動しているような感情になるのです。

ミラーニューロンは、別名「**物まね細胞**」と呼ばれています。

人の感情が、自分の感情に移る……というのは、日常的によく起こることですが、注意が必要なのは、ハッピーな感情や嬉しい感情だけでなく、**不安や焦りなどのネガティブな感情も自分のものになってしまう**点にあります。

自分には必要のないネガティブな感情は、すべて相手のものであって、本来は自分のものではありません。

**自分が感じる不快な感覚というのは、ことごとく人から伝わってくるもの**です。

それを自分のものと考えてしまうと、不安や焦りだけでなく、怒り、恐怖、悲しみ、孤独、イライラなどの余計な感情を抱えることになり、ストレスが蓄積して、心身のバランスを崩すことになります。

一緒にいると不快になる人の言動には、次のような顕著な特徴があります。

**①自分の話ばかりで自慢話が多い**
**②話の途中で遮ってくる**
**③面倒なことは人任せ**

**④優柔不断で人に判断を押し付ける**

**⑤相談してきても言った通りにしない**

大事なポイントは、自分が不快な感情になったら、「このネガティブ感情は誰のものなのか？」という視点を持って、**その発信源となる相手と距離を置く**ことです。

「あの人と一緒にいると、何となくイライラする」と感じたり、「話をしていると、不愉快な気分になる」と思うならば、ＩＱに差があるだけでなく、**相手のネガティブな感情を、自分がキャッチしている**ということです。

不快な感覚がある人には、可能な限り関わらないことが懸命な判断といえます。

## Step③ 「人の気持ち」のために動かない

人間関係を最低限にするための第3ステップは、**相手のために、相手の気持ちに忖度して行動しない**……ということです。

周囲の人の思いや気持ちを先回りして、それに合わせるような行動を繰り返していると、ストレスが溜まって、自分を見失うだけでなく、自分が本当にやりたかったことが制限されるからです。

最近では、職場の飲み会に参加するか、パスするかで悩んでいる人も多いようですが、そんなことで頭を悩ませるのは、時間と脳のムダ使いです。

**自分の気持ちに、正直に向き合うだけでいい**のです。

飲み会の場所が評判になっている居酒屋で、自分が旨い酒を飲んで、美味しいものを食べたければ、参加すればいいと思います。

同期の仲間が集まるから、楽しいだろうな……と考えるならば、悩む必要などないのです。

自分が参加しないと、「上司が渋い顔をするかな?」とか、「人数が少なくなってしまうのでは?」と考えてしまうと、それがストレスとなります。

**ムリして飲み会に参加しても、何も楽しくなければ、大事なプライベートの時間を犠牲にした意味がなくなってしまう**のです。

職場の飲み会に限らず、どんなことでも、人の気持ちのために動くのではなく、自分の気持ちに正直に行動することが大切です。

そうした行動を意識することが、人間関係の最適化につながります。

# 三つのステップを頭の片隅に置いて行動する

人間関係を最低限にするための３ステップを俯瞰で眺めてみると、それぞれのポイントが明確に浮かび上がります。

その要点を整理すると、次のようになります。

**Step①「ウエットな人」とは関わらない→相手の言動の問題**
**Step②「不快な感情は相手のもの」という視点を持つ→相手の感情の問題**
**Step③「人の気持ち」のために動かない→自分の感情の問題**

大事なポイントは、「相手の言動」を観察して、「相手の感情」を理解し、「自分の感情」

に目を向けることによって、「自分の行動」を選択することにあります。

第2章の中で、人間関係を最適化するコツは「目的」を明確化すること……とお伝えしましたが、自分の目的を明確化するためには、3ステップを繰り返し実践していく必要があります。

私は、この3ステップを、人間関係の最適化を実現するための基礎トレーニングと位置づけています。

三つの中で、**もっとも厄介で、もっとも重要なのが、Step②の「不快な感情は相手のもの」という視点を持つこと**です。

罪悪感や不安感などのデリケートな感情は、相手のものと考えることが難しいため、自分の感情と受け止めてしまいがちです。

一度でも自分の感情と思ってしまうと、それを何とかしたいと考えるようになって、焦ったり、苛立ったりします。

それによって、メンタルにダメージを受けてしまう人が少なくありませんから、十分な注意が必要です。

この三つのステップを絶えず頭の片隅に置いておけば、「**この人とは距離を置いた方がいい**」とか、「**今の自分の感情は、この人のものだな**」などの見極めができます。

こうした見極めができるということは、すでに人間関係の最適化が始まっていることを意味します。

# ビジネスパーソンが「ドライな人」を目指して大丈夫なのか？

会社に勤めるビジネスパーソンであれば、「ウエットな人と関わらないとか、ドライな人になるなんて、所詮(しょせん)はムリな話だろう」と思うのではないでしょうか？

フリーランスの立場であれば、ドライになるのも自己責任でどうにでもできますが、**会社勤めの身であれば、そんな身勝手なことはできない**……と感じる人も多いと思います。

正直なところ、私もそうした懸念を持っていました。

あまりにもドライの度合いが過ぎると、「会社をクビになることだって、あるに違いない」と考えていましたが、**実際には、その正反対の結果が出ている**ことで、心理カウンセラーとして、逆にビックリしています。

ある男性クライアントの体験談を紹介します。

人間関係に悩んで、ストレス過多の状態にあったビジネスパーソンが、三つのステップを実践して、ドライな人間になる……と決意したケースです。

この男性は、職場の人たちと明確に距離を置くことを意識して、上司や同僚に対する忖度もスッパリとやめました。

彼の急激な変化に、周囲の人たちも戸惑いの表情を見せていたといいます。

私が懸念したのは、その変化のスピードがあまりにも極端だったことです。

周囲の人たちに、「ドライな人間になる」と宣言する必要はありませんが、**段階を踏んで、徐々に変わっていかなければ、職場で孤立する可能性があります。**

最終的には、会社をクビになることだって、ありえるのではないか……と考えて、ヒヤヒヤしながら彼の動向を見守っていたのです。

私の心配が杞憂（きゆう）に終わったとハッキリとわかったのは、それから数年が経ってからのことです。

その間、彼の変化を観察してきましたが、人間関係のストレスが減ったことで、ネガティブな感情が薄まり、前向きな考え方ができるようになっていました。

自分に自信が持てるようになり、仕事に前向きに取り組める環境を手に入れたことで、責任のある仕事を任されるようになりました。

**会社をクビになるどころか、逆に昇進して、活躍の場を飛躍的に広げることになった**のです。


その理由は、人間関係のストレスが減って、ポジティブ思考ができるようになったことだけではありません。

職場の人たちが、彼をドライな人間と認識したことで、**彼の「邪魔(じゃま)」をする人がいなくなった**ことが一番の要因だと考えています。


上司や同僚たちが、良くも悪くも、彼に「チョッカイ」を出さなくなって、人間関係に悩む必要がなくなり、自分のやるべきことに専念できたことが、大きく影響しているように思います。

もう一つ要因をあげるならば、「**見捨てられる不安**」**がなくなった**ことです。

人の心の根底には、相手に見捨てられるのではないか……という不安が、どんなときでも、誰に対してもあります。

その不安によって、悩んだり、ストレスを抱えることを日常的に繰り返していますが、ドライな人間になることによって、それを振り払うことができたため、**心の「自由」を手に入れることができた**のです。

ドライな人間になると、周囲の人から、「性格が悪くなった」と揶揄（やゆ）されることもありますが、それと引き換えに、メンタルの自由を獲得することで、自分が目指す方向に向かって、真っ直ぐに歩みを進めることができるのです。

# 「いい人」が誰にでも好かれるわけではない

ドライな人になると、性格が悪いと受け取られて、周囲の人たちが自分から離れていくに違いない……と心配になる人も多いと思います。

ほとんどの人は、「**自分はいい人でいたい**」と思っているでしょうが、いい人でいることが、必ずしも人間関係を良好にするわけではありません。

「いい人でありたい」という人を否定するつもりはありませんが、**その考え方が、自分を息苦しくさせたり、裏目に出ることもあります。**

女性不信に陥って、私のところに相談に来た男性が興味深い体験をしています。

そのクライアントは、マッチングアプリを使って、女性との出会いを求めていましたが、百人を超える女性から選ばれるほどのハイスペックな男性でした。

デートのセッティングを完璧に整えて、女性に尽くすことだけを考えるタイプの「性格のいい人」でしたが、相手からことごとくフラれることに悩んでいたのです。

彼の話を聞いてみると、**性格がいい人に特有の問題がある**ことがわかりました。女性のためと思って、自分を犠牲にしながら、相手に合わせた行動を取り続けていたことで、**相手をモンスター化させていた**のです。

女性の側から見た場合、次のような感情の変化があったことが想像できます。

①「最初はハイスペックな理想の男性と感じた」→②「実際に会ってみたら、優しくていい人だった」→③「デートの途中で、ムリをしているように思った」→④「この人には、自分というものがないと感じた」→⑤「私に合わせるばかりで、楽しそうに見えないのも気になる」→⑥「この人ならば、少しくらいムリを言っても、大丈夫

そうだな」……。

相手の女性はこんな思考のプロセスを経て、自分の欲望に忠実なモンスターとなり、**最終的には相手に物足りなさと不安を感じて、男性との別れを決意した**のだと考えています。

その男性に自分の行動の問題点や、相手の受け取り方を説明すると、頭のいい方ですから、すぐに修正すべきポイントを理解しました。

「これまでは、いい人でいることばかりを考えてきましたが、それだけではダメなんですね」

そんな彼の言葉が、強く印象に残っています。

人間には、誰にでも「**表の顔**」と「**裏の顔**」があります。

人から見える表の顔は、自己防衛のための「手段」であり、周囲の人と上手に接するための「仮面」ですから、いい印象を与えることが大切です。

その一方で、いい人ばかりを演じていると、人には見せない裏の顔が歪んできて、息苦しい思いをします。

**ドライな人になるとは、自分の裏の顔を解放することを意図しています。**

ムリにいい人の仮面を脱ぎ捨てる必要はありません。

いい人の仮面を着けたままで、虎視眈々と、心密かに、ドライな人を目指すことが、人間関係の最適化を可能にして、自分自身を解放することになるのです。

# 苦手な上司とドライな関係を作る方法

ここからは、部下やチームメンバーの視点に立って、職場の人間関係を最低限にするための実践法をお伝えします。

最初に紹介するのは、**自分が苦手と感じている上司と距離を置く方法**です。

いくら苦手なタイプでも、自分の直属の上司であれば、日常的に関わらないわけにはいきません。

「おそらく、手も足も出ないだろう」と考えがちですが、そんなことはありません。

上司に対して、正攻法の心理戦を仕掛ければ、苦手な上司とドライな関係になるだけでなく、相手の動きを封じ込めることができます。

その大前提となるのが、**上司の思いを先回りしたり、忖度することをやめて、気持ち的に関わりを持たない**ことです。

仕事で関わらないことはできませんが、ムダに「気働き」をしなければ、それだけで上司に対するストレスは軽くなります。

その次に、**「報連相」（報告、連絡、相談）を徹底する**ことが重要です。

徹底するといっても、報連相を欠かさずやるだけではありません。

丁寧に、入念に、粘っこく、ねちっこく、上司が嫌がるくらい、何度も繰り返し報連相をやり続けるのです。

この戦法を、私は**「嫌がらせの報連相作戦」**と呼んでいます。

何らかのタスク（課された仕事）が上司から降りてきたら、まずは、「自分では、こうしようと思っていますが、どう思いますか？」と相談します。

上司から、「もっと、こうした方がいいだろう」と返ってきたら、「はい、ご指示のようにいたします」と応じて、淡々とタスクと向き合います。

その結果、タスクで成果を上げたら、「お陰さまで、いい結果を出すことができました」と上司に報告します。

間違っても、自分の功績にはせず、上司の適切なサポートがあったからこそ、上手くいったことを強調して、相手を持ち上げておきます。

上司は上機嫌になって、「最近、頑張っているね」などと言い出すかもしれません。

この作戦のポイントは、タスクで成果を出せなかったときにあります。

自分から上司に「タスクが失敗に終わりました」と報告する必要はありません。

**自分で「上手くいかなかった」と言ってしまうと、自分の判断が間違っていたことになって、自分が責任を問われることになってしまいます。**

報告する場合には、「ご指示に従って、その通りに忠実にやったのですが、こういう結果になりました。何か深い意図があってのご指示だったと思いますが、この後は、どのように対応すればよろしいでしょうか？」と相談に切り替えます。

**上司を絶対に責めず、自分にも一切の責任がかからない形で、上司をジワジワと追い込んでいく**のです。

最初の段階で、自分の提案を伝えていますから、上司が「指示待ちをするな」と言い出す心配はありません。

上司に対して、日頃から報連相をきっちりとやっている仕事熱心な部下が、「どうしたらいいか？」と前向きに相談を持ちかけているのですから、それに応えるのが上司の大事な役目なのです。

仕事ができる優秀な上司であれば、何らかの打開策を指示してくれますから、自分の仕事がラクになります。

仕事のスキルが低い上司であれば、悩み抜いた末に、「思った通りにやってみたら」

と自分の責任を放棄して、こちらに丸投げしてくることになります。

**仕事を丸投げされれば、苦手な上司との間に明確な距離を作ることができます。**自分の裁量で、自分の思った通りに仕事を進めることが可能になります。

こうした状況を絶えず作り続けていけば、**上司の余計な口出しがなくなって、ストレスなく仕事と向き合うことができる**のです。

この作戦は、部下が上司をコントロールできる唯一の方法です。

粘り強く、したたかに、詰め将棋の要領で相手を追い込んでいけば、苦手な上司との人間関係を最適化することができます。

# マウントを取ってくる人は「完全無視」で距離を置く

あなたの職場に、マウントを取ってくる先輩や同僚はいませんか？

職場のマウントとは、威圧的な言動によって、自分の優位性を相手に認識させようとする無分別な行為です。

その多くは、承認欲求が強い、自分に自信がない、負けず嫌い、劣等感を感じている……などの心理的要因が関係しています。

適当に相槌（あいづち）を打って、聞き流すこともできるでしょうが、それではこちらのストレスが蓄積するだけでなく、相手は何度も同じことを繰り返すことになります。

そんな人に対しては、**「完全無視」が有効な対策**となります。

相手が職場の上司や先輩であれば、下手に反論したり、反撃をすると、後で面倒なことになります。
見ないフリや、聞こえないフリをするのではなく、何も反応せず、完全スルーすることが有効な対抗手段となります。

相手を完全無視することは、「**受動攻撃**」を意味しています。
受動攻撃とは、自分の意志をハッキリと伝えずに、相手にダメージを与えるような無抵抗な攻撃を指します。

嫌いな人からのメールを既読スルーして、無言のまま相手に不快な思いをさせるとか、苦手な相手との約束をわざとすっぽかして、遠回しに相手を困らせるなど、自分の手を汚さずに、人を欺く（あざむく）……という手口です。
見方によっては、陰険な攻撃ともいえますが、**上司や先輩とムダなトラブルを起こさないためには、無抵抗主義を貫くことが最良の選択**といえます。

マウントを取るという行為の裏側には、嫉妬の感情が隠れています。

相手が「自分よりも優れている」と感じているから、マウントを仕掛けるわけで、下に見ているのであれば、見向きもしないはずです。**そんな相手から完全無視されると、マウントを仕掛けた側は、動揺して、脅威を感じるようになります。**

相手が急に多弁になったら、効果が出ている証拠です。この状態になったら、相手はシッポを巻いて退散しますから、自動的に適切な距離を取ることができます。

上司や先輩を完全無視するためには、相当な勇気と覚悟が必要だろう……と思うかもしれませんが、**怒りの感情があれば、意外と簡単に実行できます。**

相手が下手に出てきたら、きちんと対応すればいいだけのことですから、**期間限定の対処療法と考えれば、ムダなストレスを感じなくて済みます。**

面倒な人との関係を最適化するためには、自分から積極的に動かなくても、相手が勝手に距離を置いてくれる方法もあるのです。

## 相手の「スキル」に着目して人間関係を見直す

職場やチームの人たちは、一緒に仕事をして、成果を上げるための仲間ですから、ムリして親しくなったり、友だちになる必要はありません。

人間関係によるストレスを抑えて、自分の生活を最適化するには、職場の人であっても、**明確な目的を持って接することが大切**です。

職場とは、あくまでも仕事の場ですから、相手の「スキル」に着目して、「**どうすれば、そのスキルを手に入れられるのか？**」を考えながら、相手と接することが大事なポイントになります。

セールストークのスキルを身につけたいならば、営業部の成績トップに接触して、そのノウハウの教えを請います。

企画立案の腕を磨きたいならば、「いいアイデアを出す人だな」と自分が思っている人を居酒屋に誘って、そのコツを聞き出せばいいのです。

職場の人と酒を飲むことが苦手でも、**それが自分の目的のためであれば、考え方が変わるはず**です。

この人と一緒の時間を過ごしているのは、自分のスキルアップのためだ……と自覚していれば、相手との会話にも熱が入ります。

**その人が苦手な先輩だったとしても、別に親しくなる必要はなく、相手からたっぷりとノウハウを伝授してもらえばいい**のです。

これは打算的な考え方ではなく、極めて合理的な対人関係の在り方だと思います。

注意が必要なのは、自分が求めるスキルを勉強させてもらって、相手と同じレベルか、それ以上のスキルを身につけてしまうと、**教えてくれた相手に嫉妬心が芽生えて、**

**足を引っ張るなどの攻撃を仕掛けてくる**ことです。

これは相手がどんなに温厚な人でも、必ず起こると覚悟しておくべきです。

それを回避するためには、スキルが身についたと感じたり、相手からこれ以上は引き出すものがないと思ったら、**ためらわずに相手と距離を置くか、会社を辞めて独立するなど、何らかの手を打つ**ことです。

相手に義理を感じて、お礼奉公のような振る舞いをすると、間違いなく反撃されますから、あまり甘く考えない方がいいと思います。

# 人間関係の9割は整理できる

人間関係というのは、お互いの思い込みや、決めつけによって成り立っています。

この人は自分にとって必要不可欠だとか、この人がいなければ自分は生きていけない……と思えるような人が、あなたの身の回りにどのくらいいるのでしょうか？

冷静に考えてみれば、**あなたの人間関係の9割は、あなたにとって大切ではない人が占めている**ことに気づくと思います。

大切ではない人に気を回して、疲れたり、悩んだりしているのが現実です。

「**人間関係は身の回りの荷物と違って、簡単には整理できない**」と考えている人がたくさんいますが、それこそが思い込みであり、決めつけです。

人間関係は整理できないと思い込んでいる人ほど、周囲から、「あの人は八方美人だ」と見られている可能性が高いのです。

この章の最後に、人間関係を最低限にするためのコツをお伝えしておきます。

**①周囲の人と適切な距離を取る**
**②人に対して気を遣い過ぎない**
**③ムリして人に合わせない**
**④人に過剰な期待をしない**
**⑤人は人と割り切って考える**

これらを実践するためには、この章の「Step①」でお伝えした通り、**ドライな人を目指す必要があります。**

ドライな人になると、人間関係を俯瞰して眺めることができるだけでなく、危機管理能力が高まって、自分にダメージを与えている人を整理することができます。

人情主義のウエットな人のままでは、いつまで経っても、ズルズルの関係が続いてしまうのです。

一度にすべての人間関係を整理する必要はありませんが、「**この人は自分にとって本当に大切な人なのか？**」という視点を持って、日常を俯瞰で観察していれば、自然に相手との適正な距離感が見えてきます。

それを知ることができれば、余計なストレスを減らして、人間関係を最適化することができるのです。

# 第5章

Chapter_05

# 思いきり自分に関心を向ける

# あなたにとって「本当に大切な人」は誰ですか？

あなたの人間関係の9割は、あなたにとって大切ではない人が占めています。

なぜ、人間関係を最低限にするのかといえば、大切ではない人との関わりを減らして、余計なストレスを受けないようにするだけでなく、**本当に大切な人と向き合う時間的、気持ち的な余裕を生み出すため**です。

あなたにとって、本当に大切な人とは誰なのか？

**あなたが最優先で大事にするべき相手は、他ならぬ、あなた自身です。**

人間関係を最適化して、自分自身と向き合う時間を作り出すと、それまで気づかなかった、面白いこと、楽しいことが見つかります。

誰にも理解を求める必要がなく、理解を求めて嫌な思いをすることもない自分だけの時間を楽しむことができれば、息苦しかった日常が違った風景に見えてきます。それが、人間関係を最低限にすることの一番の意味であり、意義でもあります。

この最終章では、自分との向き合い方に焦点を当てます。

人間関係のストレスを減らして、ポジティブな気持ちを手に入れるためには、**人との距離感を見直すだけでなく、自分自身に目を向けることが大切**です。

人間関係のストレスは、相手のことを、「ああでもない」、「こうでもない」と考えてしまうことによって生まれます。

どんなに考えても答えが出ないことを、あれこれと考えてしまうと、ストレスが蓄積して、脳の認知機能が低下します。

脳の認知機能が低下した状態で考え続けてしまうから、やることなすことが、ネガティブな方向に向かってしまうのです。

周囲の人の気持ちを考えて、頭の中が一杯になっていると、自分のことまで手が回らなくなります。

自分のことができていないのに、人のことばかり考えるというのは、あまりにも不自然で、おかしな状態です。

**自分は自分、人は人と、区別して考えなければ、あなたにとってもっとも大切な自分と自分の生活を犠牲にすることになります。**

# 嫌いな人には「敵対心」を持っていい

周囲の人に合わせる行動をやめて、興味や関心のベクトルを自分に向けるように意識すると、人間関係は自然と最低限になっていきます。

最低限のつき合いをしていけば、つき合う人数も最小限になって、**「何となく好きだな」と自分が感じるような人だけが残る**ことになります。

この「好き」とか「嫌い」という感覚が、実は重要なポイントです。

「この人と親しい関係でなければいけない」と考えてしまうと、それだけでストレスが溜まります。

子どもの頃に戻ったような感覚で「この人のこと、好きだな」と思えるような人と接していけば、ストレスによって脳の認知機能が低下する心配もなく、ポジティブな考え方ができるようになります。

逆にいえば、**自分が「この人は合わないな」とか、「何となく嫌いだな」と感じる人であれば、敵対心を持ってもいい**と思います。それを相手に伝える必要はありませんが、敵対心を持つことで、相手と明確に距離を置くことができます。

自分から意識して敵対心を持たないと、相手を遠ざけることができず、ズルズルと関係が続いてしまって、後で悩んだり、苦しんだりすることになります。

**敵対心を持つことが、自分を守ることになる**のです。

「人のことを嫌ってはいけない」と考えてしまうと、身動きが取れなくなります。

自分が嫌いな相手ならば、嫌ってもいいんだ……と覚悟を決めれば、適度な距離が取れるようになって、ちょうどいい距離感が生まれます。

会社はあくまでも仕事の場所であって、友達を作るための場所ではありません。

嫌いな人に対して敵対心を持てば、お互いの関係に緊張感が生まれることで、ウエットな関係にならずに済むのです。

# 自分の「無意識」に任せればうまくいく

職場の人間関係に悩まないためには、自分の「好き嫌い」をハッキリと認識して、ドライな関係を目指すことが大切です。相手に合わせた行動を取り続けても、人間関係が改善されることはなく、自分を苦しめるだけです。

自分を犠牲にしないためには、もっとワガママになって、自己中心的に考えてもいいと思います。

大事なポイントは、**ワガママな行動を取るのではなく、自分を中心に置いて、ワガママに考える**……ということです。

自分の好き嫌いで相手を見極めることも、その延長線上にある考え方です。

自分を中心に置いたり、ワガママになることを、難しく考える必要はありません。

すべての判断は、**自分の「無意識」に任せておけば、勝手にうまく物ごとを運んでくれます。**

人間が何かを決断するときには、その7秒前に脳が反応しています。

自分では、あれこれと考えて、自分なりの答えを出しているように思っていますが、それよりも先に脳が勝手に判断して、答えを出しています。

それが、「無意識」の正体です。

自分では、さまざまな理屈を見つけて、「この人のここが好きだ」とか、「あの人のあれが嫌いだ」と判断したつもりになっていますが、それよりも前の段階で、脳が本能的に好き嫌いを見極めています。その無意識に判断を委ねた方が、自分にとっても、相手にとっても、いい方向に導いてくれます。

**無意識というのは、自分の頭の中に、もう一人の「すごい自分」が住んでいるようなもの**です。難しく考えて、ああでもない、こうでもないと思い悩むくらいならば、人間関係の問題は自分の無意識に任せておけばいいのです。

# 「三大欲求」を満たすだけでも人生は充実する

自分に関心を向けると、自分の時間を、自分のために使うことができます。

自分のために時間を使えば、これまで諦めていたことや、自分が楽しいと思えることに取り組むことができます。

どんな場合でも、自分を中心に置いて、「**自分ファースト**」の行動を意識すれば、ストレスを遠ざけて、自分の人生を楽しむことができます。

いくらチームのメンバーに誘われたからといって、気が進まずに居酒屋でムダな時間を過ごすよりも、英会話教室やスポーツジムに通った方が、貴重なプライベートの時間を充実させることができます。

土曜や日曜の休日に、キャンプやスポーツ観戦に誘われても、自分が楽しめないと思うのならば、キッパリと断って、読書やビデオ鑑賞など、自分が本当にやりたいことをすれば、満足度の高い時間を過ごすことができるのです。

何もやりたいことがなければ、**人間の「三大欲求」を満たす行動を優先させれば、満足感と充実感を得ることができます。**

三大欲求とは、人間が生命を維持するために必要な本能的な欲求で、「食欲」、「睡眠欲」、「性欲」の三つを指します。

三大欲求の優先順位は、年齢や性別などによって個人差がありますが、どれでもいいから、自分の好みやライフスタイルに合う形で、生理的欲望を満たせばいいのです。

- **美味しいものを食べるために生きる**
- **気持ちよく眠るために生きる**
- **異性からモテるために生きる**

美味しいものを食べれば、気持ちよく眠ることができます。
気持ちよく眠れれば、メンタルが安定して、異性にモテる……かもしれません。
異性にモテれば、食事が美味しくなります。

**どれか一つを満たすだけでも、考え方がポジティブになります。**
三大欲求を満たすことを意識すれば、ストレスを減らして、身体とメンタルのバランスを整えることができます。

逆にいえば、三大欲求が満たされていないと、身体とメンタルのバランスが崩れて、ストレスを抱え込みやすくなります。

その影響は、次のような自覚症状として表れます。

**①イライラが続いて、感情の起伏が激しくなる**
**②不安や苛立ちが募って、攻撃的になる**

**③自己肯定感が下がる**
**④無力感や劣等感を覚える**
**⑤孤独感や不安を感じやすくなる**

自分の三大欲求を満たす行動を優先させれば、充実した時間を過ごすことによって、ストレス発散になるだけでなく、心身と脳の健康を保つことができるのです。

# 自分の「ネガティブな感情」を否定しない

人間の言動には、「本音」と「建前」が存在します。

誰かが大変な思いをしていると、「かわいそうだな」、「気の毒だな」と思いますが、それはあくまでも建前です。

相手を「かわいそう」と思うと同時に、頭の中では、「ざまあみろ」とか、「いい気味だな」という感情が生まれています。

**こうしたネガティブな感情が、その人にとっての本音といえます。**

人間の感情には、天使と悪魔が同居していて、ほとんどの人は、相手に対して天使の感情を向けて生活しています。

悪魔の感情を自分の中で押し殺して、あってはならないもの……と考えることで、平穏な生活を送っていますが、これがストレスの原因になっています。持ってはいけない感情を持っていることで、自分の中で葛藤が起こって、自分を責めてしまうのです。

私たち心理カウンセラーは、こうしたネガティブな悪魔の感情を、心の「闇」（ダークサイド）と捉えています。

心の闇とは、「怒り」、「嫉妬」、「怨恨」、「憎悪」など、自分の内面に隠し持っているネガティブな感情を指します。

心の闇は、誰にでもありますから、**ムリに否定するのではなく、その存在を認めて、受け入れてしまえば、気持ちがスーッと楽になります。**

「ざまあみろ」と思ってしまう自分を責めるのではなく、「自分には、こういう感情があるんだな」ということを素直に認めて、自分の心の闇ときちんと向き合えば、葛藤がなくなって、自分の感情に抑制をかけることができます。

そうなれば、相手に対して、「大変でしたね」という労（ねぎら）いの言葉が、自然に出てくるようになるのです。

**人間の感情というのは、本来は「無」の状態にあります。**

天使も悪魔も、本音や建前も存在しない完全に「無」の状態にありますが、そこに葛藤が起こると、悪魔の活動が活発化します。

その存在を認めて、受け入れてしまえば、悪魔の活動にブレーキがかかって、元のフラットな状態に戻すことができるのです。

自分の心の闇に目を向けて、それを認めてしまえば、ムリして自分を演じる必要がなくなります。

自分を演じる必要がなくなれば、自分を解放することができます。

自分を解放できれば、人間関係の9割を手放しても、不安になることはありません。

なぜならば、これは私の持論でもありますが、「**人間関係は楽しむためにある**」と前向きに考えることができるからです。

## おわりに

本書『最低限の人間関係で生きていく』を最後まで読んでいただき、心から感謝を申し上げます。

本書のタイトルを目にして、ビックリした方も多いと思います。

**人間関係は、最低限にできるのか？**
**最低限にして、問題はないのか？**
**周囲から、冷めた目で見られるのではないか？**

心理カウンセラーは、人が抱える悩みや不安を解消することが仕事です。

悩みや不安に目を向けるのではなく、人間関係に悩むくらいなら、最低限にすればいい……というのですから、突拍子もない暴論と感じた人もいるはずです。

「最低限の人間関係で生きていく」という考え方は、本当に暴論なのでしょうか？

私は、**使い方次第で、誰にでも効果が期待できる「新たな視点」**と考えています。


これまで、数多くのビジネスパーソンと向き合ってきましたが、彼ら彼女らが抱えるメンタルの問題は、容易に解消できるほど単純なものではありません。

上司は部下を選べますが、部下は上司を選ぶことができません。

その上司にしても、コンプライアンスやハラスメント意識の高まりによって、満足に部下を叱れない時代を迎えています。

お互いが深刻なストレスを抱えながら向かい合うことによって、現代の職場では、出口の見えない息が詰まるような状況が続いているのです。


こうした閉塞感から抜け出すための有効な手段が「最低限の人間関係で生きていく」ということです。

職場の人間関係は、一朝一夕で変えられるものではありません。

**いつまでも人間関係で悩み続けるくらいならば、職場の人間関係を見直して、最適**

**化すればいい**……という新たな視点をお伝えすることが、私が本書の出版を決めた一番の理由といえます。

私は次のような方に向けて、本書を執筆しました。

**①人間関係で損をしている人**
**②職場の人に足を引っ張られている人**
**③上司ガチャでハズレを引いた人**

周囲の人たちは上手くやっているように見えるのに、なぜ自分だけ損な役回りをしているのか……と考えているならば、それは自分の考え方に問題があります。人の気持ちを先回りして考えたり、忖度しているから、相手との距離の取り方を見誤っているのです。

人間関係のストレスに悩んでいると、白昼夢の中で生きているような精神状態に陥って、イライラが続いたり、頭がぼんやりするなど、メンタルが不安定になります。そうしたストレスの「根っ子」を取り除いてしまえば、白昼夢から抜け出して、現実の世界に戻ってくることができます。

人間関係を最低限にすると、ムダなストレスから解放されて、ポジティブな考え方ができるようになります。

ポジティブに物ごとと向き合えれば、真っ直ぐ前を向いて歩みを進めることができるようになって、自分の人生を楽しむことができます。

本書が現代を生きるビジネスパーソンのマインドチェンジのきっかけとなることを、心から願っています。

カバーデザイン
金澤浩二

本文デザイン・DTP
鳥越浩太郎

カバーイラスト
かない

編集協力
関口雅之

［著者略歴］

**大嶋信頼**（おおしま・のぶより）

心理カウンセラー、株式会社インサイト・カウンセリング代表取締役。

米国・私立アズベリー大学心理学部心理学科卒業。FAP療法（Free from Anxiety Program 不安からの解放プログラム）を開発し、トラウマのみならず幅広い症例のカウンセリングを行っている。アルコール依存症専門病院、東京都精神医学総合研究所等で、依存症に関する対応を学ぶ。人間関係のしがらみから解放され自由に生きるための方法を追究し、多くの症例を治療している。カウンセリング歴31年、臨床経験のべ10万件以上。著書にベストセラー『「いつも誰かに振り回される」が一瞬で変わる方法』（すばる舎）のほか、『無意識さん、催眠を教えて』（光文社）など多数。

# 最低限の人間関係で生きていく

2025年5月11日　初版発行

著　者　大嶋信頼

発行者　小早川幸一郎

発　行　株式会社クロスメディア・パブリッシング
〒151-0051 東京都渋谷区千駄ヶ谷4-20-3 東栄神宮外苑ビル
https://www.cm-publishing.co.jp
◎本の内容に関するお問い合わせ先：TEL（03）5413-3140／FAX（03）5413-3141

発　売　株式会社インプレス
〒101-0051 東京都千代田区神田神保町一丁目105番地
◎乱丁本・落丁本などのお問い合わせ先：FAX（03）6837-5023
service@impress.co.jp
※古書店で購入されたものについてはお取り替えできません

印刷・製本　中央精版印刷株式会社


ISBN978-4-295-41093-5　C2034